Arena-Taschenbuch
Band 2756

Jana Frey
wurde 1969 in Düsseldorf geboren.
Nach ihrer Schulzeit in Wiesbaden studierte sie
in Frankfurt, San Francisco und Auckland/Neuseeland
Literatur, Kunst und Geschichte. 1994 erschien ihr
erster Jugendroman. Inzwischen hat sie
viele Bücher für Kinder und Jugendliche geschrieben
und verfasst auch Drehbücher fürs Fernsehen.
Sie lebt heute mit ihrer Familie in Mainz.

*»Mit den Bildern einer niemals simplen Sprache schafft Jana Frey
einen eindringlichen und zugleich aufwühlenden Realismus,
der einen nicht mehr loslässt.«*
Süddeutsche Zeitung

JANA FREY
Kein Wort zu niemandem

Arena

Für Gertrud Jaster und Katrin Dörfel

Informationen zu Unterrichtsmaterialien unter
www.arena-klassenlektuere.de

12. Auflage als Arena-Taschenbuch 2015
Lizenzausgabe des Verlags Carl Ueberreuter, Wien
© 1998 Verlag Carl Ueberreuter, Wien
Umschlaggestaltung und -typografie: knaus. büro für
konzeptionelle und visuelle identitäten, Würzburg,
unter Verwendung eines Fotos von
Ghislain & Marie David de Lossy © gettyimages
Umschlagtypografie: Agentur Hummel + Lang
Gesamtherstellung: Westermann Druck Zwickau GmbH
ISSN 0518-4002
ISBN 978-3-401-02756-2

www.arena-verlag.de
Mitreden unter forum.arena-verlag.de

Sammy erzählt . . .

Der Hund

So fing es an, mit Charly. Mit meinem Hund. Es war im Juli, in den großen Ferien, als wir umgezogen sind. Ich und meine Mutter und Konrad, der Freund meiner Mutter. Es regnete seit Tagen, ach was, seit Wochen. Ich glaube, es gab nie einen verregneteren Sommer als diesen. Ich kann mich an keinen Tag erinnern, an dem es nicht geregnet hätte.
Meine Mutter und ich haben lange Jahre alleine gelebt, nur sie und ich. Mein Vater ist gestorben, als ich noch klein war. Ich kann mich überhaupt nicht an ihn erinnern. Er starb bei einem Grillunfall, das heißt, eine Stichflamme erwischte ihn und er starb eine Woche später im Krankenhaus. Wie das passieren konnte? Das hat man mir erzählt, tausendmal. Meine Tante, die jüngere Schwester meiner Mutter, war damals gerade vierzehn. Ich selbst war noch ein Baby. Ich lag in einer Wippe unter einem blühenden Apfelbaum und schaute der Katastrophe sozusagen aus nächster Nähe zu.
Katharina, die Schwester meiner Mutter, stand neben

meinem Vater am Gartengrill und beide versuchten behutsam, das verlöschende, flackernde Feuer noch einmal anzufachen. Mein Vater pustete in die Glut und schichtete dabei vergnügt die Grillkohle um und Katharina, die verbotenerweise eine ganze Menge Erdbeerbowle getrunken hatte, griff plötzlich ungeduldig nach der herumliegenden Spiritusflasche und schüttete einen Schwall daraus in die kleine Flamme.

Meine Mutter wurde ohnmächtig, als sie sah, was daraufhin passierte, und mein Opa rannte verzweifelt ins Haus und telefonierte nach einem Rettungswagen.

Alle anderen schlugen wie von Sinnen nach den Flammen. Ich selbst lag in meiner Babywippe, mitten im Rauch, und brüllte wie am Spieß.

So war das, so haben sie es mir erzählt, damals, als ich noch kleiner war und dauernd nach meinem Vater gefragt habe. Nach und nach haben sie mir das alles erzählt. Erst wollte keiner so recht mit der Geschichte von damals rausrücken, aber ich habe nicht lockergelassen. Ich hatte natürlich längst mitgekriegt, dass mit meinem Vater etwas Schreckliches passiert sein musste. Kinder sind schließlich nicht blöd.

Und mit dieser Geschichte, zusammengepuzzelt aus den stockenden Berichten meiner Mutter, meiner Großeltern und Katharinas in Paris, wurde ich dann groß. Ich träume seitdem oft von Feuer. Von Feuersbrünsten, Waldbränden und brennenden Menschen. Es lässt mich nicht los, seit ich es weiß, seit ich es mir vorstellen kann. Ich habe natürlich Mitleid mit meinem Vater, der so früh und so

schrecklich gestorben ist, aber manchmal habe ich auch eine große Wut auf ihn, dass er einfach aus meinem Leben verschwunden ist und ich ihn nicht mehr erreichen kann. Ich weiß, dass das ein bisschen blöd ist, aber gegen seine Gefühle ist man machtlos, die sind einfach da.
Meine Oma und mein Opa haben beide Brandnarben an den Fingern und Handflächen von ihren Versuchen, meinem Vater das Leben zu retten.
Und meine Mutter hat jahrelang kein Wort mit ihrer Schwester gesprochen, aus Wut und Verzweiflung.
Zuerst war Katharina natürlich ebenfalls verzweifelt und verkroch sich wochenlang in ihrem Zimmer – stumm vor Entsetzen über das, was sie getan hatte. Dazu hörte sie ununterbrochen Mozarts *Requiem* und weinte und weinte. So lange, bis mein Opa, ihr Vater, mitten in der Nacht klammheimlich und sehr besorgt diese Schallplatte aus ihrem Zimmer stahl und in den Keller trug.
Aber irgendwann kehrten dann doch alle zur Tagesordnung zurück, wie das eben so ist, das Leben geht ja weiter, natürlich geht es weiter.
Katharina ging zur Therapie und studierte dann später Musik in Frankreich, wo sie auch heute noch lebt, in einem kunterbunten kleinen Haus, zusammen mit ihrem französischen Mann und ihrem wertvollen Flügel. Ich habe Katharina sehr gern. Ein paarmal habe ich sie früher in den Ferien auch besucht. Meine Mutter ist aber niemals mitgekommen. Ich denke, sie hat sich in der Zwischenzeit einfach daran gewöhnt, Katharina nicht zu beachten, so zu tun, als gäbe es sie gar nicht.

Ich selbst wuchs ganz normal auf. Ich wohnte mit meiner Mutter zusammen im Haus meiner Großeltern, in einer kleinen Wohnung im Dachgeschoss. Meine Mutter ist Krankenschwester und zwei- oder dreimal hatte sie einen Freund, aber es war nie etwas Ernstes. Bis letztes Jahr. Da lernte sie Konrad kennen, der Arzt ist und im selben Krankenhaus arbeitet wie meine Mutter.

Damals, im letzten Sommer, hatte ich Charly noch. Ich ging in die achte Klasse, mein bester Freund hieß Leander und die Welt war im Grunde ganz in Ordnung.

Leander und ich waren im letzten Sommer beide zum ersten Mal richtig verliebt. Es begann in derselben Woche, als meine Mutter Konrad kennenlernte.

Wir waren zusammen im Schwimmbad, Leander und ich.

Eine Weile machte ich mir damals Sorgen, ich könnte vielleicht schwul werden, weil ich Leander so brauchte und . . . ja, und ihn auch liebte. Es war für mich das Schönste, wenn ich mit ihm zusammen war, und wir machten gemeinsam die verrücktesten Dinge.

Einmal verkleideten wir uns als Mädchen, schminkten uns grotesk und staksten auf hochhackigen Schuhen, die meiner Mutter gehörten, hüftschwingend durch das Haus.

Ein paarmal pinkelten wir an dunklen, kalten Winterabenden unsere Namen nebeneinander in den Schnee und einmal, nachts, verglichen wir beim Schein einer flackernden Taschenlampe und bewaffnet mit einem großen Lineal unsere Pimmel miteinander. Wir machten

Wettwichsen und kicherten hinterher, bis wir Schluckauf bekamen. Wir waren eben jahrelang sehr vergnügt und zufrieden miteinander, obwohl ich wie gesagt immer ein bisschen in Sorge war wegen meiner innigen Liebe zu Leander.

Aber mit dieser Sorge war es letztes Jahr im Sommer, an diesem Nachmittag im Schwimmbad, ganz plötzlich vorbei. Denn damals lernte ich, lernten wir, Karlotta kennen.

»Leander, ich glaube, die Welt geht unter!«, flüsterte ich Leander ins Ohr und kniff ihn gleichzeitig so fest in den Arm, dass Leander laut fluchte.

»Zum Teufel, Sammy, hast du einen Knall?«, schimpfte er ärgerlich und rieb sich seinen Oberarm.

Gleichzeitig richteten wir uns auf. Ich zog mir meine Walkmanstöpsel aus den Ohren, stieß Leander versöhnlich in die Seite und wies verstohlen zum Wasser hin. Vor uns, gleich am kleinen Kinderbecken, stand ein rothaariges Mädchen in einer rosa Bikinihose und einem dünnen orangen T-Shirt und hielt ihr Gesicht in die Sonne. Lange, weiche Haare fielen über ihre Schultern und wehten um ihre sommersprossigen Schultern wie ein zerzauster Umhang. Zwei kleine Kinder planschten lärmend zu ihren Füßen und das rothaarige Mädchen lächelte ihnen ein paarmal zu und schaute ihnen geduldig bei ihren lauten, nassen, kreischenden Kleinkinderwasserspielen zu.

Ich schaute Leander an und Leander schaute mich an.

»Eigentlich mag ich keine Rothaarigen«, sagte Leander schließlich nachdenklich. Ich sagte nichts, weil ich stumm war vor einem Gefühl, das sich nicht beschreiben lässt. Ich fühlte mich in mir drin plötzlich ganz rissig und zerbrechlich.

Rückblickend könnte man vielleicht auch sagen, dass damals, an diesem Tag im Schwimmbad, all das begann, was später so schrecklich wurde. Aber dieser Sommer war noch sonnig und voller Gefühle. Und darum war alles nicht so schlimm, obwohl es natürlich sehr schlimm war.

Erst im Sommer ein Jahr später, als die Geschichte mit Charly passierte, begann das Schlimme. In jenem verregneten Sommer ohne Gefühle beginnt die Geschichte, die ich erzählen soll, erst wirklich.

Aber das Jahr davor, das Jahr, als Konrad auftauchte und sich in unser Leben einmischte und als Karlotta der Grund war, dass Leanders und meine Freundschaft zerbrach, gehört eben auch schon dazu.

Ich war also verliebt. Und Leander, der eigentlich keine Rothaarigen mag, verliebte sich auch.

»Wir werden uns wahrscheinlich demnächst duellieren müssen, Samuel Becker, dass du es nur weißt«, sagte er und lächelte, als wir uns später an der Bushaltestelle trennten.

Ich schwieg und war mit meinen Gedanken weit weg. Oder eigentlich dachte ich gar nicht, ich war einfach weggetreten.

»Aber zuerst müssen wir herausfinden, wer sie eigentlich ist«, fuhr Leander grinsend fort, als sein Bus um die Ecke bog. »Bis morgen, Sammy . . .«

Ich schwieg beharrlich, vor allem weil dieses zerrissene Gefühl in mir drin immer noch unverändert da war.

Ich blieb an diesem Abend bis tief in die Nacht hinein auf. Ich wollte alles verstehen, was es über die Liebe zu verstehen gab, und damit war es mir sehr eilig. Ich blätterte im Lexikon unter *Liebe* nach, las verwirrende Details über körperliche und hormonelle Abläufe des menschlichen Organismus, vermischt mit philosophischen Erörterungen zum Thema Liebe und einer Menge Querverweise auf längst gestorbene Schriftsteller, die sich im Laufe der Jahrhunderte über die Liebe so ihre literarischen Gedanken gemacht hatten.

Genervt schlug ich das Lexikon zu. Eine Weile später versuchte ich vorsichtig, das rothaarige Mädchen aus meiner Erinnerung heraus aufzuzeichnen. Es gelang mir natürlich überhaupt nicht, dabei kann ich sehr gut malen.

Schließlich ging ich, weil ich so ruhelos war, duschen und beschäftigte mich dort eine Weile mit meinem aufgeregten Körper.

Als es aus dem Wohnzimmer meiner Großeltern zehn Uhr schlug, schlich ich mich im Bademantel zu meiner Mutter hinüber. Ich wollte sie über das Phänomen Liebe ausfragen.

Und über ihre Liebe zu meinem Vater. Beim Abtrocknen im Badezimmer war mir plötzlich klar geworden, dass ich über die Liebe und das Sich-Verlieben meiner Eltern so gut wie nichts wusste. Der furchtbare Grillunfall überdeckte eben alles, was ich plötzlich als sehr, sehr trostlos empfand.

Denn über das Vorher, über das Wie und Wann und Warum das alles mit ihnen angefangen hatte, wusste ich nichts. Also suchte ich, ziemlich durcheinander im Kopf, nach meiner Mutter.

Ja, und an diesem Abend war dieser Konrad zum ersten Mal da. Es stand eben alles von Anfang an unter keinem guten Stern.

»Oh, du hast Besuch«, murmelte ich verlegen und kam mir blöd vor in meinem Bademantel, mit Gänsehaut an den Beinen und nackten, nassen Füßen.

»Du bist ja noch auf, Sammy«, sagte meine Mutter und sah ebenfalls ein bisschen verlegen aus, jedenfalls kam mir das so vor. »Es war so still bei dir, da dachte ich, du würdest schon schlafen.«

Ich stand stumm da und sah mir diesen fremden, dünnen, ernsten Mann an, der in unserem Wohnzimmer saß und für den meine Mutter eine Flasche Rotwein aufgemacht und eine Kerze angezündet hatte. Die Kerze warf einen langen gelben Schatten an die Wand und meine Mutter hatte in diesem Schatten eine lange, spitze Pinocchionase. Ich schaute zwischen meiner Mutter, dem fremden Mann und der Schattennase hin und her und plötzlich fühlte ich mich gereizt. Ich wollte mit meiner Mutter alleine sein, so, wie ich es gewohnt war.

»Das ist Konrad«, sagte meine Mutter schließlich und warf mir einen Blick zu, als hätte sie den dringenden Wunsch, ich würde bald wieder in mein Zimmer verschwinden.

»Aha«, sagte ich und ignorierte ihren bittenden Blick.

»Konrad ist Gynäkologe«, fuhr sie fort. »Wir arbeiten auf derselben Station und da . . .«

»Hallo, Samuel«, unterbrach Konrad den Versuch meiner Mutter, sich zu rechtfertigen, stand auf und hielt mir lächelnd seine Hand hin. Ich glaube, ich spürte schon damals, dass Konrad eine größere Rolle in meinem Leben spielen würde. Wir schüttelten uns knapp und wenig begeistert voneinander die Hand.

»Du kannst noch Charly hochholen«, sagte meine Mutter. »Er ist im Garten, denke ich. Oder bei Oma und Opa. Oder er treibt sich irgendwo rum, dann musst du ihn suchen, und wenn er wieder in Omas Gemüse gewühlt hat, gib ihm einen Klaps von mir.«

Ich schaute meine Mutter stirnrunzelnd an. »Eigentlich wollte ich mit dir über . . . über Papa reden.«

Meine Mutter zuckte ein bisschen zusammen. Wir reden sonst nicht viel über meinen Vater. Höchstens eben die altbekannte Geschichte seines Unfalls im Garten, darüber sprechen wir an seinem Geburtstag und an seinem Todestag. Und jedes Mal wenn sich der Unglückstag des Unfalls jährt, gehen wir auf den Friedhof und legen ihm ein paar Blumen aufs Grab. Er ist der einzige jung Gestorbene in der ganzen Friedhofsreihe, ich habe alle Daten miteinander verglichen. Um ihn herum liegen nur Greise. Und dazwischen er, kurze sechsundzwanzig Jahre alt.

Ich gehe nicht gern auf den Friedhof, ich fühle mich dort selbst fast wie ein Greis.

»Dieser schreckliche, schreckliche Tag damals«, sagt

meine Mutter dann jedes Mal und das alte Entsetzen spiegelt sich wieder in ihrem Blick. »Das werde ich Katharina niemals verzeihen können, sie hat mein Leben ruiniert, einfach so . . .«

Ich denke dann für einen Augenblick an die vergnügte, Klavier spielende Katharina. Ich habe ihr schon tausendmal vergeben, wirklich.

»Ich wollte mit dir über Papa reden«, wiederholte ich eigensinnig und lehnte mich an den Türrahmen.

»Morgen, Sammy, lass uns morgen über alles reden«, bat meine Mutter und da ging ich ärgerlich hinaus.

Ich holte Charly aus dem Garten, gab ihm keinen Klaps, obwohl er zwischen den Zucchini und Tomaten mal wieder tiefe Ausgrabungen vorgenommen hatte, und besuchte mit ihm auf dem Rückweg meine Großeltern in ihrem Wohnzimmer.

Mein Opa schaute sich einen alten Cary-Grant-Film an und meine Oma strickte konzentriert an einem Pullover, der ganz sicher wieder für mich sein würde. Solche Pullover habe ich schon haufenweise, aber sie sind ganz okay. Vielleicht wirkt es ja etwas kindisch, selbst gestrickte Oma-Pullover zu tragen, wenn man schon vierzehn ist, aber ich schaue meiner Oma gerne beim Stricken zu. Ich setzte mich also seufzend zu ihnen aufs Sofa und tat eine Weile nichts weiter als die perlmuttfarbenen Brandnarben an den strickenden Händen zu betrachten. An den Händen, die versucht hatten, meinem Vater das Leben zu retten. Nach und nach wurde ich ein bisschen ruhiger.

Am nächsten und am übernächsten Tag fuhren Leander und ich wieder ins Schwimmbad. Und jedes Mal hatten wir Herzklopfen und waren ziemlich schweigsam, ungewohnt schweigsam.

Einmal war das rothaarige Mädchen nicht da und einmal war es da. Und ich hatte Glück. Leander war noch im Wasser und ich saß gerade alleine im Gras und betrachtete die dahinziehenden Wolken.

Da kam sie. Das heißt, zuerst kamen die lauten, kleinen Kinder, sie galoppierten wie junge Kälber über die Wiese, und als eines von ihnen stolperte, begann mein Glück. Das Kind stolperte wie gesagt über seine kurzen Beine und kugelte über den Boden gerade in meine Arme hinein.

»Hoppla«, sagte ich und hatte Herzklopfen vor Unsicherheit, schaute vorsichtig das rothaarige Mädchen an und stellte das Kind wieder auf die Beine.

»Danke«, sagte das Mädchen.

»Bitte«, sagte ich, weil mir nichts Besseres einfiel.

»Wollt ihr euch hier hinsetzen?«, fragte das Mädchen die kleinen Kinder.

Die beiden nickten und schlüpften schon aus ihren winzigen Klamotten. Das Mädchen breitete eine große Decke aus und nahm darauf Platz. Die Kinder rannten zufrieden zum nahen Kinderplanschbecken, nachdem sie nur kurz gequengelt hatten, das rothaarige Mädchen solle sie umgehend begleiten.

»Ich komme bestimmt gleich nach«, sagte das Mädchen freundlich. Ich saß stumm daneben und starrte vor mich hin.

Das Mädchen schlüpfte aus ihren Sachen und wieder hatte sie diesen rosa Bikini an. Sie beachtete mich nicht weiter, cremte sich schnell die sommersprossige Haut ein, schlüpfte in ein dünnes T-Shirt und lief dann den Kindern nach. Ich warf einen Blick nach dem tiefen Becken, wo Leander immer noch seine Bahnen zog, und folgte dem rothaarigen Mädchen dann zögernd.

»Sind das deine Geschwister?«, fragte ich sie unvermittelt.

»Ja«, sagte sie und pustete einen Gummidelfin auf.

»Ziemlich kleine Geschwister«, sagte ich.

Das Mädchen pustete und nickte.

»Ich heiße Samuel«, sagte ich, als der Delfin bereits im Wasser dahintrieb.

»Aha«, sagte das Mädchen.

»Wie heißt du?«, fragte ich und überlegte mir nervös, ob meine Fragerei vielleicht aufdringlich und also ein Fehler war.

»Ich heiße Karlotta«, sagte das Mädchen freundlich. »Warum fragst du?«

Ich wurde rot. »Nur so«, murmelte ich verlegen.

»Ach so, nur so«, sagte Karlotta.

Die beiden kleinen Kinder rasten wie nasse, schreiende Raketen zwischen Karlotta und mir herum.

»Ich . . . ich hab dich hier schon mal gesehen«, sagte ich schließlich zögernd. »Und dann habe ich zu Hause versucht, dich zu malen.«

Karlotta schaute verblüfft hoch. »Du hast mich gemalt, warum?«

»Weil du . . . weil – du so schöne Haare hast, zum Beispiel«, antwortete ich und hoffte inständig, Leander möge noch eine Weile nicht zurückkommen.
»Sie sind rot«, stellte Karlotta sachlich fest.
Ich nickte.
»Nicht viele Leute mögen rote Haare«, erklärte Karlotta.
»Ich schon«, sagte ich schnell. »Sehr sogar.«
»Nett von dir.«
»Deine Sommersprossen sind auch schön, es sieht so aus, als hätte dich jemand mit Goldfarbe bespritzt . . .«
Im nächsten Augenblick wirbelte Karlotta herum, weil eines der Kinder angefangen hatte zu schreien. Es war von der kleinen Wasserrutsche gefallen, die mitten im Planschbecken steht, hatte sich das Knie aufgeschrammt, eine Menge Wasser geschluckt und einen Riesenschreck bekommen.
Karlotta und ich rannten durch das flache Wasser, sammelten die beiden Kinder und den dahintreibenden Delfin ein, brachten alle ans sichere Festland zurück, trösteten, pusteten, besorgten Pflaster, Eis und Popcorn und sangen ein Kleinkindertrostlied zusammen. Ich war ganz benommen davon, plötzlich so mittendrin in Karlottas Leben zu sein.
Und dann kam Leander. Er stand verwirrt vor Karlottas großer Picknickdecke, auf der ich mit Karlotta saß, beide ein kleines, dickes Kind auf den Knien.
»Hallo, was ist denn hier los?«, fragte Leander. »Spielt ihr Vater-Mutter-Kind?«
Ich zuckte zusammen, weil ich ihn gar nicht hatte kommen sehen.

»Unsinn«, murmelte ich und zum ersten Mal in meinem Leben störte Leander mich. Es war nicht zu übersehen, wie Leander Karlotta anschaute.

»Ist das ein Freund von dir?«, fragte Karlotta.

Ich nickte widerstrebend.

»Ich bin Leander«, erklärte Leander lächelnd und setzte sich, ohne zu fragen, zu uns auf die Decke.

»Wir wollen was spielen«, quengelten die Kleinen.

»Klar, wir spielen was«, sagte Karlotta. Und während wir Popcorn und süßen Kinderjoghurt futterten, spielten wir viele Runden *Ich sehe was, was du nicht siehst.* Ich spielte und Karlotta spielte. Und die Kleinen spielten. Leander saß einfach bloß dabei, schaute Karlotta an und sagte nicht viel. Ich atmete auf, Leander war nicht in Hochform heute, er zeigte sich nicht von seiner besten Seite. Max, der weiche rote Ringelhaare wie seine Schwester hatte, kuschelte sich auf Karlottas Schoß zurecht. Sein Kopf drückte dabei sanft gegen ihren kleinen, spitzen Busen unter dem rosa Bikini.

Leander und ich wechselten einen raschen Blick miteinander und mir wurde ganz flau. Mein Körper meldete innere Unruhe. Ich schaute auf Leanders Badehose und konnte erkennen, dass auch Leanders Körper in Unruhe war.

»Der da ist lieb«, sagte Svante da. Svante saß immer noch auf meinen Knien und jetzt lächelte er mir gnädig zu, zeigte auf mich und legte seinen kurzen Arm um meinen Hals.

»Der da ist nicht so lieb«, antwortete Max sofort und deutete mit seinem dicken, kurzen Zeigefinger auf Leander.

Und ich, tief in mir drin, dachte das Gleiche über Leander, meinen besten Freund.

Aber Leander lachte nur, fuhr sich durch seine dichten dunklen Locken und schaute Karlotta an, Karlottas sommersprossiges Gesicht, ihre kleine, getupfte Nase, die schmalen Schultern, den geschwungenen, spitzen Busen unter dem engen Bikini und Max, der sich auf ihrem Schoß zusammengerollt hatte wie ein müdes Lämmchen.

»Was ist, wollen wir schwimmen gehen?«, fragte er Karlotta schließlich. »Hast du Lust dazu?«

Karlotta zeigte auf die Kinder und zuckte mit den Achseln. »Lust schon, aber es geht nicht, ich kann die Kleinen nicht mit ins tiefe Becken nehmen.«

Leander schaute mich bei dem, was er dann sagte, nicht an. Aber dennoch wandte er sich ganz eindeutig an mich.

»Sammy, du kannst doch so gut mit Kindern, könntest du nicht mal eine Weile Babysitter spielen?«

Ich starrte Leander entsetzt an, konnte es tatsächlich sein, dass er diesen Vorschlag ernst meinte? Aber Leander schaute an mir vorbei in das Getümmel um uns herum. Ja, er meinte es ernst, bitterernst, auch wenn er ganz sicher wusste, wie gemein er war.

»Würdest du das denn machen?«, fragte Karlotta vorsichtig.

Ich schaute Karlotta an und fühlte mich plötzlich ganz elend und leer. »Sicher«, murmelte ich. »Wenn du Lust hast, mit Leander schwimmen zu gehen.«

»Riesenlust«, antwortete Karlotta und wickelte sich schon ein buntes Haargummi um ihre wilden Haare.

Leander stand auf und dann gingen er und Karlotta schwimmen. Auf halbem Weg zum tiefen Becken drehte Karlotta sich noch mal um und kam zurück.
»Du bist sehr nett«, sagte sie und berührte für einen Moment meine Schulter. »Wirklich nett. Ich würde die Kleinen natürlich nicht bei jedem lassen, aber du bist so lieb zu ihnen gewesen, bei dir sind sie gut aufgehoben . . .«
Und dann spielte ich mit Max und Svante Ritter und Tiger und Stierkampf, während Leander und Karlotta zusammen im Wasser verschwunden waren. Karlottas kleine Brüder machten einen Riesenlärm und schlossen mich sichtlich leicht in ihre kleinen, wilden Kinderherzen, während mir selbst ganz schlecht vor Entsetzen und Eifersucht war.

So war das in jenem Sommer.
Leander und Karlotta wurden ein Paar. Am Anfang unternahmen wir manchmal noch etwas zu dritt, oder besser gesagt zu fünft, weil Max und Svante pausenlos um uns herumlärmten, aber eines Tages brüllte ich im Stadtpark auf der kleinen Wiese an der alten Stadtmauer: »Verdammt, ich bin nicht euer Kinderclown, ich bin nicht euer Babysitter, sucht euch einen anderen Trottel!« Und dann rannte ich davon, als würde der Himmel einstürzen. Und das tat er auch, wenigstens für mich.
»Sammy, Sammy, Saaaaaaammy!«, schrien mir Max und Svante traurig hinterher, aber ich blieb nicht stehen und drehte mich auch nicht um. Und Leander und Karlotta riefen jedenfalls nichts.

Die Wochen, die folgten, waren schlimm. Wie ein Roboter ging ich in die Schule und saß dort stumm neben Leander, der genauso stumm war, wenigstens was mich betraf. Ansonsten war er nicht stumm. Er ließ sich seine Haare wachsen und trug einen silbernen Freundschaftsring am Finger. Ich konnte mir schon denken, wer den zweiten Ring trug. In den Pausen hockte Leander auf dem Schulmäuerchen und hielt sein lächelndes Gesicht in die Sonne. Einmal setzte ich mich schweigend neben ihn und betrachtete ihn genau. Wie fremd er mir geworden war. Wie ein Freak sah er jetzt aus, wie ein fremder, verliebter, glücklicher Freak.

Leander machte die Augen nicht auf, als er mich ansprach. »Es tut mir leid, dass alles so blöd gelaufen ist«, sagte er vorsichtig.

Ich schwieg, was hätte ich auch sagen sollen?

»Aber wir haben uns eben verliebt, Karlotta und ich.«

Ich schwieg weiter.

»Karlotta fragt natürlich nach dir und die kleinen Nervensägen fragen auch. – Wollen wir nicht mal wieder alle zusammen . . .«

»Nein!«, fauchte ich bitterböse. »Wollen wir nicht.«

Leander schaute mich nun doch an. »Mensch, Sammy«, sagte er kopfschüttelnd. »Was ist denn los, bist du übergeschnappt? Du kannst mich doch nicht hassen, bloß weil ich und Karlotta . . .«

»Doch, das kann ich«, stieß ich wild zwischen den Zähnen hervor. Und dann stürzte ich davon, weil ich heulen, heulen, heulen musste. Was war bloß mit mir passiert? Ich war wirklich verliebt gewesen in Karlotta und der Schreck, dass sie sich gar nichts aus mir gemacht hatte, hatte sich vermischt mit dem Schreck, dass Leander plötzlich nicht mehr für mich da war.

Wenn Karlotta mich schon nicht widerliebte, musste sie dann ausgerechnet Leander lieben? Wer blieb denn da noch für mich?

Nächtelang lag ich wach und vermisste Leander, träumte von Karlotta, vermischte Karlotta und Leander in meinen kurzen, schrecklichen Träumen zu einem einzigen Menschen, Halbkarlotta und Halbleander. In sekundenlangen Albträumen küsste ich dieses Leanderkarlottawesen und mein ganzer Körper bebte vor Traurigkeit und Sehnsucht.

Ich wollte Karlotta küssen und mit Leander verrückte Sachen unternehmen, so wie früher. Und wenn das nicht ging, wollte ich wenigstens Leander wiederhaben und dafür auf Karlotta verzichten. Oder ich wollte Karlotta haben und dafür Leander opfern. Aber weil eben alles schiefging, wurde ich fast verrückt.

Als es Winter war, blieb Konrad regelmäßig über Nacht bei uns. »Ich mag das nicht, er stört mich«, fuhr ich meine Mutter an.

Meine Mutter war niedergeschlagen, weil ich Konrad nicht mochte, das war deutlich zu merken. »Nun sei doch nicht so miesepetrig, Sammy«, sagte sie gereizt. »Konrad kommt dir doch kaum in die Quere, er arbeitet schließlich den ganzen Tag.«

Wir schauten uns an. Merkte meine Mutter denn nicht,

wie schlecht es mir ging, kriegte sie gar nicht mit, dass Leander nicht mehr kam und ich dauernd alleine zu Hause rumsaß?

»Morgen ist Papas Geburtstag«, sagte ich böse. »Da will ich mit dir alleine sein.«

Meine Mutter runzelte die Stirn, aber sie nickte. Ein bisschen fühlte ich mich so, als hätte ich einen kleinen Sieg errungen, aber natürlich war das lächerlich.

Nachts lag ich wieder eine halbe Ewigkeit wach. Charly lag zu meinen Füßen im Bett wie ein kleiner, warmer Kloß. Charly war ein alter, kratziger Rauhaardackel und ich hatte ihn schon viele, viele Jahre. Er war mein alter, lieber, warmer Freund.

Es war schon spät, als ich Konrad kommen hörte, Charly hob kurz den Kopf und bellte gedämpft. Ich hob ebenfalls meinen Kopf, schlafen konnte ich sowieso nicht, also stand ich leise auf. Ich öffnete meine Zimmertür und lauschte in das Schlafzimmer meiner Mutter hinüber. Es war schon sehr spät, schließlich war Konrad Gynäkologe und musste die Babys dann auf die Welt holen, wenn sie Lust hatten zu kommen. Heute war es schon weit nach Mitternacht.

Außerdem war es ein paar Tage vor meinem fünfzehnten Geburtstag. Ich hörte meine Mutter und Konrad leise miteinander reden, dann schlich Konrad ins Bad und zog sich summend aus. In T-Shirt und Unterhose schlich er schließlich zurück ins Schlafzimmer meiner Mutter. Das Bett quietschte, als Konrad sich seufzend hineinfallen ließ. Plötzlich musste ich wieder an Karlotta denken. Ob

Leander auch schon mal bei ihr übernachtet hatte? Oder sie bei ihm? Charly hob wieder den Kopf, drüben im Schlafzimmer lachte meine Mutter laut auf und auch Konrad lachte. Ob sie jetzt wohl miteinander schliefen? Meine Mutter nahm seit einer Weile wieder die Pille, ich hatte sie eines Tages im Spiegelschrank im Badezimmer entdeckt. Natürlich, meine Mutter war noch ziemlich jung und ziemlich hübsch war sie auch. Im Grunde war es ein Wunder, dass sie nicht schon viel früher einen festen Freund gefunden hatte. Aber trotzdem, der Gedanke, dass sie dort drüben, bloß ein paar Schritte von mir entfernt, mit einem Mann schlief, war mir grässlich. Sie sollte das nicht tun. Ich fand es eklig, dabei wusste ich natürlich, wie lächerlich das war.
Charly sprang vom Bett und trabte auf mich zu. Er kuschelte sich an meine kalten Füße und legte sich seufzend und brummend umständlich vor mir zurecht. Ich streichelte ihn und dachte dabei an Karlotta. Und an Leander, der doch jahrelang mein allerbester Freund gewesen war. Leander war groß und sportlich und hatte ein schönes, erwachsenes Gesicht. Ich war ein ganzes Stück kleiner und hatte glatte helle Haare, grünlich graue Augen und eine ziemlich unreine Haut. Und so sportlich wie Leander war ich auch nicht. Ich mit meinem alten, grauhaarigen Minidackel, der für mich auf dem kalten Boden nächtigte.
Meine Mutter und Konrad schliefen tatsächlich miteinander, das war jetzt ganz deutlich zu hören, nicht laut, nicht wild, nicht aufdringlich, eher leise und unspektakulär, aber trotzdem unüberhörbar.

Ich stand niedergeschlagen auf und trug Charly ins warme Bett zurück.
»Gute Nacht, Kumpel«, flüsterte ich. »Du bist doch schon ein alter Opa, da solltest du dich nicht verkühlen, am Ende bekommst du Rheuma oder ein anderes Dackelleiden.«
Charly kläffte noch einmal kurz auf, dann rollte er sich wieder zusammen und schlief ein.
Ich setzte mich jetzt ebenfalls ins Warme, zog die Bettdecke über mich, hockte im Schneidersitz auf meinem Bett und befriedigte mich selbst. Dabei dachte ich wieder an Karlotta und Leander.

Den Geburtstag meines Vaters verbrachten meine Mutter und ich zusammen, Konrad ließ sich den ganzen Tag nicht blicken und rief auch kein einziges Mal an. Nach der Schule wartete ich ungeduldig auf meine Mutter, und als sie aus dem Krankenhaus kam, gingen wir zusammen zum Italiener essen.
»Nächste Woche hast dann du Geburtstag«, sagte meine Mutter lächelnd. »Und du wirst tatsächlich schon fünfzehn, ein Wunder, wie die Zeit vergeht.«
Ich lächelte nicht zurück.
»Was ist los mit dir?«, fragte meine Mutter schließlich und legte ihre Hand auf meine Hand. Das fühlte sich schön an. Eine Weile saßen wir einfach nur so da, dann kamen unsere Spaghetti.
»Guten Appetit«, sagte meine Mutter.
»Ja, guten Appetit«, sagte ich.

Meine Mutter hatte sich ein Glas Rotwein bestellt, ich eine Cola.

»Auf deinen Vater, Sammy«, sagte meine Mutter und stieß ihr Glas vorsichtig gegen meins, das ich noch nicht einmal angerührt hatte und das vor meinem Teller stand.

»Jaja«, murmelte ich düster und starrte vor mich hin.

Meine Mutter schaute mich nachdenklich und mit gerunzelter Stirn an.

»Was ist los mit dir, Sammy?«, fragte sie schließlich ein zweites Mal.

Ich zuckte mit den Achseln und wir schwiegen wieder. Diesmal aßen wir dabei, also konnte meine Mutter ihre Hand schwerlich wieder auf meine legen. Ich versuchte es trotzdem, ich drehte meine Spaghetti nicht mehr im Löffel, sondern gleich im Teller und hatte somit die linke Hand frei. Vorsichtig legte ich sie zwischen unsere Gläser. Es dauerte eine Weile, aber dann verstand meine Mutter. Sie lächelte mir zu, legte ebenfalls ihren Löffel zur Seite und legte ihre Hand wieder auf meine.

Wir aßen lange schweigend und in mir war so ein Gefühl, als hätte ich gerne meinen Kopf auf den Tisch gelegt und losgeheult. Was war nur los mit mir in letzter Zeit, wurde ich etwa verrückt? Dauernd hätte ich heulen können. Heulen oder schlafen oder schreien und jemanden ganz schrecklich beschimpfen. Dazwischen überkam mich immer wieder eine sehr rätselhafte Erregung, eine sehr lästige Erregung, die mich dazu brachte, vom Mittagstisch oder mitten in der Mathestunde oder beim Fernsehen aufzustehen, ins Schulklo oder in unser Badezimmer zu gehen und mich eilig sekundenkurz und wütend selbst zu befriedigen.

»Mama?«, sagte ich plötzlich und schaute ihre Hand an, als sähe ich sie zum ersten Mal.

»Ja?«

»Warum hast du eigentlich keine Brandnarben an den Händen?«

Meine Mutter zuckte zusammen. »Das weißt du doch«, murmelte sie und zog ihre Hand zurück.

»Ja, du bist ohnmächtig geworden«, sagte ich schnell.

Meine Mutter nickte.

»Aber besser wäre es gewesen, du hättest versucht, Papa zu helfen.«

Wir sahen uns an und ich fühlte mich plötzlich sehr feindselig ihr gegenüber.

»Es haben so viele versucht zu helfen, Sammy«, sagte meine Mutter.

»Aber *du* nicht!«

»Ich konnte nicht, ich bin zusammengebrochen. Es war ein so schrecklicher Augenblick, meine ganze Welt brach zusammen.«

Ich wurde immer böser. »Du hast auch *mir* nicht geholfen«, sagte ich lauernd. »Ich habe die ganze Zeit geschrien, Oma hat es mir neulich erzählt.«

»Sammy, was soll das jetzt?«, fragte meine Mutter unsicher.

Ich zuckte mit den Achseln. »Ich weiß auch nicht«, murmelte ich widerwillig.

»Sammy, ich bin ziemlich erschöpft, ich hatte einen

schweren Tag auf Station. Lass uns nicht unnötig streiten.«

»Wenn du auch die halben Nächte mit deinem Konrad rummachst!«, entfuhr es mir, ehe ich es verhindern konnte.

»Samuel, ich verbiete dir, so mit mir zu reden!«, sagte meine Mutter und sah nun auch wütend aus, wütend und erschöpft und gereizt.

Meine Spaghetti waren kalt geworden, kalte bleiche Spaghettiwürmer, ich ekelte mich plötzlich und schob angewidert meinen Teller zur Seite. Meine Mutter aß wortlos weiter, dabei waren ihre Nudeln bestimmt nicht wärmer als meine.

»Ist dir eigentlich gar nicht aufgefallen, dass Leander nicht mehr kommt?«, fragte ich leise, als ihr Teller endlich leer war.

Meine Mutter starrte mich an, überrascht und erschrocken.

»Tatsächlich!«, sagte sie dann. »Leander kommt gar nicht mehr, schon eine Ewigkeit nicht mehr . . .«

Ich nickte und wieder musste ich gegen den Wunsch ankämpfen, meinen Kopf auf den Tisch zu legen und loszuweinen.

»Habt ihr euch gestritten?«, fragte meine Mutter.

Ich nickte, aber mehr gab ich nicht preis. Meine Mutter bestellte sich im Laufe des beginnenden Abends noch drei Sherry und ich vier Cola. Als wir heimgingen, war es draußen schon dunkel und es hatte angefangen, ein bisschen zu schneien. Ich hatte einen eiskalten Colabauch und Hunger hatte ich auch und außerdem fühlte ich mich durch und durch trostlos.

Meine Mutter hatte ihre Hände tief in ihren Manteltaschen vergraben, und als wir schon fast zu Hause waren und Charly, der nicht gerne alleine in der Wohnung blieb, schon bellen hören konnten, erklärte mir meine Mutter vorsichtig, dass wir im kommenden Sommer, wenn Konrad geschieden sei, vielleicht mit ihm zusammenziehen würden.

»Er zieht bei uns ein?«, fragte ich entsetzt.

»Nein«, sagte meine Mutter. »Das wäre zu eng, Konrad will ein Haus am Stadtrand kaufen.«

Wir gingen schweigend ins Haus und ich war sehr unglücklich.

Dann wurde ich fünfzehn.

Es war endgültig Winter geworden und ich igelte mich in meinem kleinen, warmen Zimmer ein. Manchmal, wenn Konrad nicht da war, ging ich zu meiner Mutter ins Wohnzimmer hinüber und setzte mich stumm zu ihr.

»Was ist los, Sammy?«, fragte meine Mutter einmal.

»Nichts«, antwortete ich.

»Warum starrst du mich dann immerzu an?«

Ich zuckte mit den Achseln und starrte zur Abwechslung aus dem Fenster.

»Hast du Sorgen?«, fragte meine Mutter.

»Nein«, murmelte ich.

»Ist es wegen Konrad?«, fragte meine Mutter und runzelte die Stirn.

Ich zuckte mit den Achseln.

»Ach, Sammy . . .«

»Ich kann es nicht leiden, wenn er dich küsst«, sagte ich widerwillig.

»Aber du bist doch kein kleines Kind mehr, Sammy«, sagte meine Mutter.

Das saß. Ich stand auf, stampfte aus dem Wohnzimmer und knallte die Tür hinter mir zu.

Weihnachten verbrachten wir – wie immer – im Wohnzimmer meiner Großeltern, dann waren die Weihnachtsferien zu Ende und Leander erklärte mir, er habe meine ständige Leichenbittermiene satt, und wechselte seinen Sitzplatz. Er setzte sich neben Knut und ich blieb alleine zurück.

Einmal traf ich Leander und Karlotta in der Stadt auf dem Altstadtmarkt, Arm in Arm schlenderten sie am Rathaus vorbei, sie sahen mich überhaupt nicht und einmal traf ich Karlotta alleine, das heißt ohne Leander, dafür aber mit Max und Svante.

»Hallo Sammy«, sagte Karlotta und blieb stehen.

»Hallo«, antwortete ich mürrisch.

»Sammy, Sammy, hallo Sammy . . .«, quietschten Max und Svante und griffen nach meinen Händen, die ein bisschen zitterten.

»Die beiden haben dich vermisst«, erklärte Karlotta und ihre Stimme klang fast vorwurfsvoll. »Sie hatten im letzten Sommer so viel Spaß mit dir.«

Ich schaute Karlotta stumm an und durchforschte meine

Gefühle. Vage erinnerte ich mich an das rissige, zerbrechliche Gefühl, das mich letztes Jahr überkommen hatte, als mir Karlotta zum ersten Mal begegnet war.
Dieses Gefühl war weg, eindeutig weg. Ich dachte an die Nächte, in denen ich ihretwegen wach gelegen war, an das Karlotta-Leander-Wesen, das ich herbeigesehnt hatte.
Wie lächerlich ich mich benommen hatte, wie grenzenlos lächerlich. Karlotta war blass und kam mir dünner vor als früher. Ihre Sommersprossen waren so hell geworden, dass man sie kaum noch erkennen konnte.
»Du bist ziemlich blass«, sagte ich abschätzend. »Warst du krank?«
»Ich bin immer blass«, sagte Karlotta achselzuckend. »Besonders im Winter.«
Wir schauten uns nachdenklich an. Ob Karlotta eine Ahnung davon hatte, wie sehr sie mich verletzt hatte? Wahrscheinlich nicht.
Max und Svante zogen immer noch an meinen Armen.
»Komm mit, Sammy, wir wollen mit dir spielen.«
Ich schüttelte den Kopf und befreite mich aus ihrem Klammergriff.
»Keine Zeit, Kumpels«, sagte ich und fühlte mich plötzlich bleiern vor Gleichgültigkeit. Ohne ein weiteres Wort ging ich davon.

Im März fanden meine Mutter und Konrad dann plötzlich ein Haus am Stadtrand, das ihnen gut gefiel, und stürzten sich in die nötigen Vorbereitungen. Oma und Opa waren beleidigt und mieden unsere kleine Dachwohnung und Konrads frisch geschiedene Frau füllte diverse Male unseren Anrufbeantworter mit wüsten, konfusen, hasserfüllten Vergeltungsdrohungen. Ihr Hass galt seltsamerweise nicht etwa Konrad, sondern lediglich meiner Mutter und mir. Vor allen Dingen aber meiner Mutter, die sie so wütend beschimpfte und bedrohte, dass Konrad immer ganz blass im Gesicht wurde, wenn er abends leise den Anrufbeantworter abhörte und sich anschließend sehr niedergeschlagen bei meiner Mutter zu entschuldigen versuchte.

Es war eine ungute Zeit.

Und in der Schule saß ich immer noch alleine. Keiner war auf die Idee gekommen, sich zu mir zu setzen. Ich war grenzenlos schlechter Laune.

Dann passierten drei Dinge, drei unangenehme Dinge.

Das Erste, was passierte, war, dass Konrad seine Tochter, von der ich bisher nicht mal etwas geahnt hatte, mitbrachte.

Ich kam eines Tages von der Schule nach Hause und schlenderte gerade durch unseren kleinen, wilden Garten, als ich Charly auf dem Arm eines fremden Mädchens entdeckte. Das Mädchen stand auf der Wiese und streichelte meinen Hund, ohne mich auch nur zu beachten.

»Wer bist du, was machst du in unserem Garten mit meinem Hund?«, fragte ich ärgerlich.

Das Mädchen schaute hoch und musterte mich abschätzend.

»Du musst Samuel sein«, sagte sie und sie sagte es so,

dass nicht herauszuhören war, ob sie besonders freundlich oder besonders unfreundlich war.

»Wer ich bin, weiß ich«, antwortete ich gereizt. »Wer bist *du?*«

Charly hockte immer noch auf dem Arm dieses Mädchens und lehnte sich gegen ihren Oberkörper. Es sah so aus, als sitze er auf einem bequemen Sessel. Er machte nicht die geringsten Anstalten, zu mir zu kommen, nur sein Dackelschwanz, der unter dem Jackenärmel dieses Mädchens hervorschaute, wedelte mir freudig entgegen.

»Ich bin Anuschka«, sagte das Mädchen knapp und schaute mir fest in die Augen.

»Aha«, antwortete ich lahm und ließ meinen Rucksack ins Gras plumpsen.

»Du kennst mich nicht«, sagte Anuschka und runzelte die Stirn. »Aber zufällig ist mein Vater dabei, dir und deiner Mutter ein Haus zu kaufen, und da hatte ich Lust, euch wenigstens mal kennenzulernen.«

Wir schauten uns an, ich war wie vor den Kopf gestoßen.

»Du bist Konrads *Tochter?«,* fragte ich perplex. »Ich hatte keine Ahnung, dass er eine Tochter hat.«

»Er hat sogar zwei Töchter«, sagte Anuschka achselzuckend. »Meine Schwester ist noch ziemlich klein, erst fünf.«

Ich starrte Anuschka immer noch an und versuchte, nach und nach mir ein klares Bild von dieser Situation zu machen.

Anuschka war in etwa so alt wie ich. Sie war ziemlich klein, hatte ein unbefangenes, rundes Gesicht und freundliche braune Augen. Weiche, glatte Haare fielen ihr bis auf den Rücken. Sie sah rundherum unkompliziert, aber auch nicht sehr intelligent aus.

»Ist das wirklich dein Dackel?«, fragte sie da.

»Ja«, antwortete ich knapp.

»Wie witzig, dass du so einen altmodischen, winzigen Hund hast«, sagte Anuschka und lächelte. »Hier.« Sie hielt mir Charly entgegen und er wechselte verschlafen von ihrem Arm auf meinen.

»Was ist an ihm altmodisch?«, fragte ich ärgerlich.

Anuschka lachte. »Na ja«, sagte sie dann. »Normalerweise gehören Dackel Rentnern oder uralten Omas. Ich habe noch nie einen Dackel gesehen, der einem Jungen gehört.«

»So ein Quatsch«, sagte ich böse und ging ins Haus. Anuschka folgte mir und gesellte sich zu Konrad, der auf unserem Sofa saß und ein Bier trank. Ich ging mit Charly in mein Zimmer und knallte die Tür zu.

Das zweite Unangenehme war, dass meine Oma krank wurde. Es war Mitte März und eines Morgens war sie ganz plötzlich nicht mehr wie sonst. Mein Großvater, der immer sagt, meine Oma stehe morgens schon mit einem Lied auf den Lippen auf, merkte es als Erster. Es war noch nicht einmal acht Uhr, als er an unsere Tür klopfte und meine Mutter aus dem Bett holte. Meine Mutter war gerade erst ins Bett gegangen, weil sie Nachtdienst gehabt hatte, und außerdem war Konrad da und meine Mutter hatte einfach keine Lust, schon wieder aufzustehen.

»Was ist los?«, murmelte sie deshalb ungeduldig und verschlafen.

»Kannst du bitte mit nach unten kommen, deiner Mutter geht es gar nicht gut«, rief mein Großvater aufgeregt und ängstlich.

Charly sprang bellend aus meinem Bett und ich stand ebenfalls beunruhigt auf.

Meine Mutter brauchte eine ganze Weile, bis sie sich aus dem Bett gequält hatte, und schaute ihren Vater ärgerlich an.

»Wenn doch Katharina hier wäre«, murmelte mein Großvater niedergeschlagen.

Meine Mutter war sofort beleidigt, und während sie erst noch eine Tasse Kaffee zum Wachwerden und Klardenken trank und dabei wütend vor sich hin schimpfte, waren mein Opa und ich schon nach unten gegangen.

Meine Oma saß stumm am Küchentisch, hatte nur ein dünnes Nachthemd an und starrte aus dem Fenster.

»Der Tag geht zur Neige«, erklärte sie mir, als ich zögernd die enge Küche betrat. Dabei lächelte sie zerstreut und rührte mit ihrem zittrigen Zeigefinger ihren Tee um. Dabei lag der Teelöffel ordentlich auf der Untertasse.

»Bald bin ich tot«, überlegte sie dann. »Wie das wohl sein wird?«

Meine Oma blieb dann doch noch eine Weile am Leben, aber sie hatte in dieser Nacht einen leichten Schlaganfall gehabt und war danach nie mehr so wie früher. Sie hatte zwar hin und wieder ihre lichten Augenblicke, da begriff sie, wer ich war, griff entschlossen nach ihrem Strickzeug und strickte eilig an meinem nächsten Pullover weiter, aber ich vermutete schon damals, dass dieser Pullover niemals fertig werden würde. Es war zwar nur so eine traurige Ahnung, aber ich war fast verrückt vor Sorge. Und immer wieder konnte es passieren, dass sie ihren Tee mit den Fingern umrührte oder im Morgenmantel zum Einkaufen losging.

Ich habe mich damals eine Weile lang fast ständig um meine Großeltern gekümmert, es war ja die Zeit kurz vor dem Umzug in das neue Haus und mein Opa war seit Omas Krankheit leider auch nicht mehr der Alte. Er machte sich solche Sorgen um sie und ihre Krankheit war ihm einfach unheimlich. Manchmal kriegte er auch eine irre Wut auf Oma, weil sie nicht mehr so war wie früher.

Aber eines Tages habe ich aufgehört, mich um die beiden zu kümmern.

Es war so ein komischer Frühling, die Sonne schien überhaupt nicht und die Frühlingsblumen ertranken im Regen, ehe sie richtig aufblühen konnten. Und dann Leander, der jetzt mit Knut befreundet war und mit ihm und Karlotta herumzog. Manchmal begegnete ich den dreien, einmal hatte ich Charly an der Leine und meine Oma am Arm, die ich zur Krankengymnastik brachte. Da hasste ich plötzlich alle beide, den winzigen, krummbeinigen Charly und meine winzige, alte Oma.

Leander, Karlotta und Knut lächelten mir tatsächlich zu, freundlich und nachsichtig, aber auch sehr fremd und distanziert. Eine Welle aus wilder Wut stieg in mir hoch, dass es richtig wehtat. Ich riss Charly, der ein Stück vorausgelaufen war, ärgerlich zurück und ließ meine Oma abrupt los.

»Was hast du, Sammy?«, fragte meine Oma verwundert.

»Nichts, Oma«, murmelte ich. »Es ist nichts, wirklich.«

Aber es war das letzte Mal, dass ich mich mit meiner Oma in der Öffentlichkeit zeigte. Und auch sonst vermied ich es, mit meinen Großeltern zusammen zu sein.

Ich glaube, meine Mutter merkte das kaum. Sie war viel zu sehr mit Konrad, dem neuen Haus, ihren Geldsorgen und Umzugsplänen beschäftigt.

Aber meine Großeltern waren natürlich verwirrt und gekränkt, als ich nicht mehr zu ihnen kam. Und eines Tages kam Katharina, die sie in ihrer Verzweiflung herbeitelefoniert hatten.

Meine Mutter und Katharina stritten sich eine Weile erbittert im Treppenhaus herum und dann erklärte uns meine Tante, dass sie vorhabe die Großeltern im Sommer endgültig mit nach Frankreich zu nehmen. Ich hielt das für keine gute Idee, aber meine Großeltern stimmten sehr schnell zu und eines Tages kam ein Makler und besichtigte stirnrunzelnd und wenig begeistert unser kleines, gemütliches Haus, in dem ich aufgewachsen bin, und gab es schließlich zu einem lächerlich niedrigen Verkaufspreis in die Zeitung.

»So ein Scheiß«, murmelte ich düster. »Als ob dieses Haus eine komplett wertlose Bruchbude wäre.«

»Ach, Sammy«, sagte Katharina. »Nimm es doch nicht so schwer, ihr zieht doch sowieso demnächst um.«

»Wenn es nach mir ginge, würde ich hierbleiben«, knurrte

ich. »Mich hat keiner gefragt, mich fragt ja sowieso nie einer.«

Ich starrte niedergeschlagen in den Regen hinaus.

»Was ist überhaupt los mit dir, Sammy?«, fragte Katharina schließlich vorsichtig.

»Was soll los sein?«, fragte ich ärgerlich zurück.

»Du hast dich ziemlich verändert«, stellte meine Tante nachdenklich fest. »Und was ist überhaupt mit Leander, warum kommt er gar nicht mehr hierher?«

»Lass mich doch in Ruhe, du blöde Brandstifterin«, murmelte ich böse. »Wenn es dich nicht gäbe, wäre mein Leben vielleicht nicht so beschissen gelaufen . . .« Meine Stimme war immer lauter geworden, zum Schluss schrie ich schrill und stimmbrüchig und verzweifelt. Erschrocken über mich selbst, wurde ich wieder still, ging steif und benommen davon und ließ meine Tante einfach stehen. Sie kam mir nicht nach. So ging es mir in letzter Zeit immer, keiner kam mir hinterher, wenn ich verzweifelt die Flucht ergriff, immer schien es allen recht zu sein, wenn ich verschwand, wenn ich mich aus dem Staub machte, wenn ich eine Beziehung beendete. Wirklich wichtig war ich anscheinend niemandem.

Das dritte Unangenehme, was passierte, ehe wir umzogen, war die Sache mit der Taube.

Ich war alleine im Wald unterwegs. Vorher hatte ich Leander und Karlotta gesehen, wie sie vor dem Supermarkt standen und sich küssten. Wer hätte gedacht, dass die Sache zwischen ihnen so lange dauern würde? Ich stand nur ein paar Schritte von ihnen entfernt neben dem kleinen Zeitungsladen und versteckte mich hinter einem Zeitungsständer.

Es regnete ein bisschen, aber die beiden störte das nicht. Leander, dessen dunkle Haare inzwischen schon seine Schultern berührten, war nass geregnet. Sein schönes, erwachsen wirkendes Gesicht lachte in Karlottas blasses Gesicht und seine großen Hände formten ein Dach über ihrem Kopf. Karlotta schob ihre kalten Hände unter seine Jacke und seinen Pullover, ich konnte es genau beobachten. Ich stand wie festgewachsen. Karlotta lächelte und Leander bedeckte ihr Gesicht mit kleinen Küssen, dabei lehnte er seinen Körper gegen ihren.

Ich biss mir auf die Unterlippe, am liebsten hätte ich laut aufgeschrien und die beiden mit meinen Fäusten getrennt. Gleichzeitig erregten sie mich mit ihrem blöden Rumgefummle so sehr, dass meine Knie zitterten. Ich riss meinen Blick von ihnen los, galoppierte nach Hause, befriedigte mich fluchend selbst und heulte hinterher, als ginge die Welt unter.

Danach zog es mich in den Wald, ich rannte herum und hasste die ganze Welt. Irgendwann fand ich einen kleinen grauen Schieferfelsen nahe am hohen Steinschlag. Ich setzte mich nieder, zog die Knie hoch und stützte meinen bleischweren Kopf darauf. Ich kam mir vor wie auf einer Insel, ab und zu beugte ich mich vor, sammelte Steine auf und warf mit ihnen nach Ästen, Blättern und Tannenzapfen. Ich fühlte mich von allen verlassen, wie würde es erst werden, wenn die Großeltern für immer in Frankreich waren und wir in diesem neuen Haus? Konrad als Hausbesitzer und Stiefvater und meine verliebte, zerstreute Mutter, die ohnehin schon so wenig Zeit mit mir verbrachte? Leander und Karlotta, die mich lächerlich fanden, mein Körper, der verrückt spielte? Keiner, keiner, wirklich keiner interessierte sich für mich. Wie peinlich, in der Klasse alleine sitzen zu müssen, niemand außer mir saß schließlich alleine. Nicht mal die, die mir früher leid getan hatten, weil sie nie so richtig dazugehörten, die Außenseiter eben. Warum plötzlich ich, was war bloß passiert?

Ich merkte ärgerlich, dass ich schon wieder weinte. Und da sah ich die Taube. Und dabei habe ich Tiere immer sehr gerne gehabt. Trotzdem tat ich dann das, was ich tat. Die Taube war verletzt. Sie hockte plötzlich ganz in meiner Nähe, trippelte einfach so auf mich zu und schaute mich ängstlich und hilflos an. Ihr linker Flügel war geknickt und schleifte auf der Erde.

Wir schauten uns an, die ängstliche Taube und ich. Sie mit großen schwarzen Augen und ich mit verheulten, verquollenen Augen. Und dann dachte ich gar nichts mehr, alles, was eben noch in meinem Kopf gewesen war, schob ich weg, weit weg, und plötzlich nahm ich einen schweren, dicken Ast und schlug die Taube tot. Schlug sie richtig kaputt. Ich war wie von Sinnen, Taubenblut spritzte herum, der dicke Ast sauste zischend durch die Luft.

Danach heulte ich wieder, meine Hände und meine Jacke waren voller Blut, ich ekelte mich und fuhr mit meinen Händen fluchend im nassen Laub herum.

Irgendwann stand ich erschöpft und müde da, es goss in Strömen, die Bäume rauschten und die Luft roch gut. Da beruhigte ich mich und wanderte zurück in die Stadt. Danach habe ich für lange Zeit nicht mehr geweint.

Kurz darauf kam der Umzug und die Sache mit Charly. Und dann fängt die Geschichte eigentlich erst richtig an.
Meine Großeltern packten ihre Sachen und wir packten unsere Sachen. Meine Mutter füllte sorgfältig Kiste um Kiste, während ich mir Opas alte Schubkarre aus der Garage holte und gründlich und akribisch ausmistete. Dazu hatte ich mir eine Punk-CD in die Anlage geschoben und mein Zimmer dröhnte vor wilder, wütender Musik.
Ich schmiss alte Bücher in die Schubkarre, *Winnetou* und *Tom Sawyer*, *Onkel Toms Hütte* und *Der kleine Nick*. Asterixhefte, die *Peanuts*, *Luky Luke* und *Clever & Smart*. Wütend knallte ich Mickymaus und Donald Duck hinterher und alle meine Sciencefictionbücher, die ich früher geliebt hatte. Danach kam mein Monopolyspiel an die Reihe, mein Trivial Pursuit, meine Rommékarten, mein altes Dartbrett und meine Zeichensachen.
Ich war dabei sehr niedergeschlagen, aber ich hatte beschlossen alles, was zu meiner Kindheit gehört hatte, genau wie Leander, hinter mir zu lassen. Leander hatte mich abserviert, jetzt servierte ich ihn und unsere Kinderzeit ab.
Charly lag auf meinem Bett und schaute mich verwundert und gekränkt an, er hasste laute Musik und konnte nicht

begreifen, warum ich ihn in letzter Zeit derart vernachlässigte.
»Es ist altmodisch und lächerlich, einen Dackel zu lieben«, brüllte ich ihm über die Musik weg zu. Charly schaute mich an und bestimmt winselte er dabei. Wenn er traurig war, winselte er immer, aber er fiel mir damit auf die Nerven, was gingen mich seine Dackelgefühle an, wer kümmerte sich denn um meine Gefühle?
»Runter da«, sagte ich böse und schob Charly gereizt vom Bett hinunter. Ich schnappte mir mein altes Schlumpfkissen, auf dem er bisher tagsüber immer gelegen hatte, nachts hatte ich es mir dann unter den Kopf geschoben. Jetzt schmiss ich es auf die Schubkarre zu dem anderen alten Krempel. Omas selbst gestrickte Norwegerpullis sortierte ich ebenfalls aus, genauso wie die vielen kleinen Matchboxautos, die Leander und ich früher gesammelt hatten.
»Weg, weg, alles weg«, murmelte ich und atmete auf.
Als alle Kisten schließlich verpackt waren und im Garten auf ihren Abtransport warteten, stand bloß auf drei Kartons mein Name.
»Wo sind deine anderen Sachen?«, fragte meine Mutter verwundert.
»Mehr habe ich nicht«, antwortete ich knapp.
Meine Mutter schaute mich an und es sah so aus, als würde sie gleich nachfragen, was eigentlich mit mir los wäre und was ich mit meiner Zimmereinrichtung gemacht hatte, aber im selben Moment kam der Möbelwagen laut hupend die Straße entlang und da sagte sie nichts mehr.

»Sein Bett und den alten Schreibtisch hat er jedenfalls gestern Abend noch zerlegt und zu den Sperrmüllsachen gestellt«, rief Konrad meiner Mutter zu.

Oma und Opa waren auch herausgekommen und standen jetzt, umgeben von unseren Kisten und Kästen, missmutig im Garten. Dabei würden sie Ende des Monats ebenfalls umziehen, nach Südfrankreich, in Katharinas und Onkel Frederics kleines, feines Haus am Meer.

»Möchten Sie nicht mit ins neue Haus fahren, wir könnten heute Abend alle zusammen essen?«, fragte Konrad höflich. »Ich mache uns einen guten Wein auf.«

Mein Opa schüttelte den Kopf. Meine Oma schüttelte ebenfalls den Kopf und murmelte Unverständliches vor sich hin. Ich glaube, die beiden hatten sich im Laufe der Jahre so sehr daran gewöhnt, dass meine Mutter und ich zu ihnen in die kleine Dachwohnung gehörten, dass es ihnen einfach nicht mehr in den Kopf ging, dass es meiner Mutter mal wieder einfallen würde, ein komplett eigenes Leben zu führen, mit einem neuen Mann, ohne die Eltern. Mir ging es ja im Grunde nicht anders.

Anuschka war auch wieder gekommen. Mit verschränkten Armen, eingehüllt in einen langen froschgrünen Regenmantel und auf hohen orangen Plateaustiefeln, ging sie nachdenklich durch den Garten und schaute meiner Mutter und Konrad beim Kistentragen zu.

»Willst du nicht ein bisschen mit anpacken?«, rief ihr Konrad eine Spur gereizt zu.

Anuschka schüttelte unwillig den Kopf und tippte sich

knapp an die Stirn. Da beschloss ich ebenfalls, mich aus der Schlepperei herauszuhalten.

Und dann passierte die Sache mit Charly.

Konrad wollte sein Auto aus der Garageneinfahrt hinausfahren, um Platz für den großen Möbelwagen zu machen. Er schob ein paar herumstehende Kisten aus dem Weg, trat in eine Pfütze, fluchte vor sich hin, stieg genervt in seinen Wagen, setzte zurück – und überfuhr Charly, der eben aus dem Haus gekommen war, vielleicht um mich zu suchen, vielleicht auch nur, um eine kleine Dackelrunde pinkeln zu gehen.

Charly starb sehr unspektakulär und sehr erhaben. Er kippte einfach zur Seite, schloss seine schwarzen Dackelaugen, ringelte seinen struppigen Dackelschwanz um seine krummen Hinterbeinchen und war tot.

»Verflixt!«, brüllte Konrad und stieg aus dem Auto.

»Konrad!«, schrie meine Mutter. »Nein!«

Ich stand stumm im Garten und schaute zu, wie Konrad Charly vorsichtig aufhob und an meine Mutter, die angerannt kam, weiterreichte. Konrad war blass und sah sehr schuldbewusst und erschrocken aus. Meine Mutter schaute sich suchend nach mir um, aber ich stand verborgen hinter dem Apfelbaum, unter dem ich weinend gelegen hatte, als mein Vater seinen Grillunfall hatte.

Ich wartete auf ein Gefühl. Ich wartete darauf loszuheulen. Ich wartete auf das große Zittern. Charly, mein kleiner, weicher, warmer Charly war tot. Und Konrad, ausgerechnet Konrad hatte ihn totgefahren.

Aber es passierte nichts. Es kam kein Gefühl, keine Verzweiflung, kein Mitleid mit Charly, keine Wut auf Konrad. Nichts.

Dann zog ich um. Ohne Charly. In mein neues, fast leeres Zimmer. Es waren Sommerferien und es regnete. Konrad entschuldigte sich bei mir, immer und immer wieder. Er kaufte mir eine teure Stereoanlage, einen eigenen Fernseher und einen Videorekorder.

»Du könntest natürlich auch einen . . . einen – neuen Hund haben«, erklärte er mir vorsichtig, als ich tagelang nichts tat, als in meinem neuen Zimmer herumzusitzen, ohne die Kisten mit den teuren Geräten darin auch nur anzurühren.

»Nein, ich möchte nicht«, sagte ich knapp. Mehr nicht. »Aber danke, dass du es angeboten hast.«

Da lächelte Konrad, ich lächelte nicht.

Eines Tages zog ich dann doch Fernseher und Videorekorder aus den Kartons und baute die Geräte vor meiner Matratze auf.

»Ich gehe noch mal weg«, rief ich meiner Mutter zu, die am Kistenauspacken und Kücheeinrichten war.

»Was hast du vor?«, rief meine Mutter zurück.

»Nichts Besonderes«, rief ich schlecht gelaunt zurück.

»Konrad und ich gehen heute Abend ins Kino«, sagte meine Mutter und lächelte mir vage zu, während sie Tassen zu Tassen und Teller zu Tellern sortierte. »Willst du – vielleicht gerne mitkommen?«

Ich blieb stehen und drehte mich um. Meine Mutter und ich schauten uns an und ich hatte plötzlich den verrückten Wunsch, wieder fünf Jahre alt zu sein und mich von ihr in die Arme nehmen und in den Schlaf wiegen zu lassen. Ich merkte, wie ich rot wurde. Wie peinlich, solche kindischen Gefühle zu haben!

Ich sagte nichts und verließ eilig das halb leere Haus. Ich fuhr mit dem Bus in die Stadt und besuchte dort einen Jungen aus meiner Klasse, den ich noch nie zuvor besucht hatte.

Als ich klingelte, hatte ich Herzklopfen. Leander verabscheute Raphael, er hatte mal eine blöde Sache mit ihm erlebt, aber daran wollte ich jetzt nicht denken. – Und außerdem, was ging es mich an, wenn Leander Ärger mit Raphael gehabt hatte?

»Du? Was willst *du* denn hier?«, fragte Raphael, als er die Tür aufmachte.

Ich stotterte ein bisschen herum.

»Na, komm halt rein«, sagte Raphael einigermaßen freundlich.

Sein Zimmer sah aus, als habe eine Bombe bei ihm eingeschlagen. Überall lagen Videokassetten herum und Comics und Computerspiele. Ein riesiger Fernseher stand mitten im Zimmer und auf dem Bildschirm flimmerte ein wackeliges Standbild. Raphael hatte anscheinend die Pausetaste gedrückt, als ich bei ihm klingelte.

»Ich gucke gerade ein ziemlich geiles Movie an«, erklärte Raphael. »Willst du mitgucken?«

Ich nickte und schlüpfte aus meiner Jacke.

»Okay, schmeiß dich einfach irgendwo auf den Teppich«, sagte Raphael einladend und angelte sich die Fernbedienung vom Boden. Mit einem irren Lärm schaltete sich der Film wieder ein. Ich zuckte zusammen und setzte mich im Schneidersitz neben Raphael auf den Boden.

Auf dem Bildschirm fesselte ein Mann eine Frau und eine Ratte spielte auch eine Rolle. Sie saß wild und bissig in einem engen Käfig und die Frau schien sich vor dieser Ratte ziemlich zu fürchten. Und dann kam ein anderer Mann, der war wohl unterwegs, um die gefesselte Frau zu befreien, aber leider war er blind, was seine gute Tat erheblich erschwerte. Der böse Mann ließ den guten Mann in ein Zimmer tappen, das voller Vogelspinnen zu sein schien, und der gute Mann, der das ja nicht sehen konnte, wurde dann leider von den gereizten Spinnchen übel zugerichtet.

Ich starrte wie gebannt auf den Bildschirm. Raphael lehnte gemütlich neben mir und aß eine Tüte mit Chips leer. Ab und zu trank er einen Schluck Cola, rülpste laut und einmal gähnte er sogar.

»Jetzt schmeißt er sie gleich in eine Wanne voll heißem Öl, das ist gar nicht schlecht gemacht, man kann alles sehen und so . . .«

Ich schauderte. »Kennst du den Film schon?«

»Klar«, sagte Raphael seelenruhig. »Den hab ich schon dreimal gesehen, ich mag die Details.«

»Aha«, sagte ich verwirrt.

»Aber warum bist du eigentlich gekommen, Sammy?«, fragte Raphael da und spulte die Ölszene zurück, um sie ein zweites Mal anzuschauen. »Du langweilst dich wohl, seit dir dein treudoofer Leander-Darling die Freundschaft aufgekündigt hat, was?«

Ich schaute Raphael überrascht an. Er schien weit und breit der Einzige zu sein, der überhaupt gemerkt hatte, dass Leander und ich keine Freunde mehr waren.

»Ja, dein Darling macht ja jetzt mit dieser hässlichen rothaarigen Ökotussi rum, da hat er keine Zeit mehr für eure leidenschaftliche Knabenfreundschaft.«

Raphael grinste kumpelhaft. Ich schaute ihn nachdenklich an. Raphael tat immer, als gehöre er zur Unterwelt, er konnte fies und brutal sein und irgendwie sah er auch fies und brutal aus. Dabei trug er immer feine, gepflegte Sachen, sein Vater war immerhin Richter, auch wenn er nur selten da war und Raphael daher fast immer sich selbst überlassen war.

»Ich wollte mir bei dir ein paar Filme ausleihen«, murmelte ich schließlich. »Du hast doch diese . . . diese Videos, die du manchmal in der Schule verkaufst.«

Raphaels Grinsen wurde breiter. »Du meinst meine Pornosammlung, was?«

Ich schwieg verlegen, aber dann nickte ich doch.

Ich hatte schon mit einer Menge blöder Kommentare gerechnet, aber Raphael stand bloß auf und holte eine große, sorgfältig verklebte Pappkiste aus seinem Schrank.

»Lauter harte Sachen«, erklärte er mit gedämpfter Stimme. »Da ist alles dabei, auch illegale Filme aus den USA.«

Raphael schaute mich vielsagend an, aber mehr sagte er nicht dazu. Stattdessen zog er vorsichtig das Klebeband von der braunen Kiste und schob sie mir hin.

Ich warf unschlüssig einen Blick in die Kiste, schon die Ti-

telbilder auf den Videohüllen waren mehr, als ich bisher gesehen hatte.
»Ich hab dir ja gesagt, da ist *alles* dabei. Was willst du denn haben?«
Ich zuckte mit den Achseln und kramte vorsichtig in der Kiste herum.
»Ich hab einen neuen Videorekorder und wollte ihn einfach nur einweihen.«
»Ist klar«, sagte Raphael. »Was ganz Normales also. Hier –« Er drückte mir eine Kassette in die Hand. »Und hier und hier und hier.«
»Danke«, sagte ich.
»Bitte, das macht hundert Euro«, antwortete Raphael. »Das ist ein Freundschaftspreis, ein Angebot sozusagen, weil du noch nicht mein Kunde bist.«
»Kannst du mir die Kassetten nicht . . . ausleihen?«, fragte ich, obwohl ich wusste, dass diese Frage mit ziemlicher Sicherheit völlig überflüssig war. Ich hatte schließlich längst mitgekriegt, was für ein ausgemachter Geschäftsmann Raphael war. Auch an seinen besten Freund Aljoscha schien er nie etwas zu verschenken, auch da herrschte Kaufzwang.
Raphael schüttelte lächelnd den Kopf. »Kaufen oder Nichtkaufen, Sammy, das ist hier die Frage«, sagte er freundlich.
Und da kaufte ich die Kassetten.

Zuerst fühlte ich mich ziemlich unwohl, als ich Raphaels Filme in mein Zimmer brachte und einen sicheren Platz für sie suchte. Schließlich verstaute ich sie wie Raphael in meinem Schrank. Es waren ja nur vier flache Kassetten, die würde meine Mutter bestimmt nicht finden.

Als ich meiner Mutter ein bisschen später im neuen Wohnzimmer begegnete, sagte sie sogar: »Sammy, in Zukunft werde ich dir deine gewaschene Wäsche einfach unten auf die Treppe legen und du nimmst sie dir selbst mit nach oben, ja?«

»Warum?«, fragte ich überrascht.

»Ich habe keine Lust, dauernd nach oben zu laufen«, erklärte sie entschuldigend. »Und du weißt ja, wie schlimm meine Knie in der letzten Zeit wieder sind.«

Ich nickte und ging wieder nach oben in meine neue höchstpersönliche Einsamkeit. Mein neues Zimmer befand sich als einziges ganz oben unter dem Dach, im ausgebauten Dachgeschoss.

Ich schloss sorgfältig und mit bebenden Fingern meine Zimmertür ab und schaute Raphaels Filme an, die ganze Nacht.

Ein paar Tage später rief mich Raphael an. »Ihr seid ja umgezogen, Sammy«, sagte er überrascht. »Es hat eine Weile gedauert, bis ich deine neue Telefonnummer rausgekriegt habe.«

»Was willst du?«, fragte ich überrascht, schließlich hatte mich Raphael noch nie angerufen und sein Anruf war überhaupt der erste Anruf für mich, seit ich in diesem neuen Haus wohnte.

»Ich wollte nur wissen, ob du neue Filme haben willst.«

»Neue Filme?«, fragte ich leise.

»Ja«, sagte Raphael. »Oder willst du dir immer dieselben Bettgeschichten ansehen?«

Ich zuckte ein bisschen zusammen und dachte an Leander. Was er wohl sagen würde, wenn er wüsste, dass ich Pornofilmkunde bei Raphael geworden war. *Lieber, lieber Leander, wenn wir doch Freunde geblieben wären.* Ich horchte in mich hinein, dachte für einen kurzen Augenblick auch an Charly und Karlotta, aber in mir rührte sich nichts. Dabei konnte ich mich an meine Gefühle, gute Gefühle, traurige Gefühle, verzweifelte Gefühle, an meine Ängste, meine Liebe zu Charly und mein Verliebtsein in Karlotta noch sehr genau erinnern. Aber mehr auch nicht. Fühlen konnte ich gar nichts.

Ob das eine neue Krankheit war, Gefühlsschwund? Und wenn es eine Krankheit war, wie und warum hatte ich, ausgerechnet ich sie bekommen?

»Ja, ich hätte gerne noch ein paar Filme«, sagte ich gereizt.

»Na prima«, sagte Raphael. »Hast du diesmal einen besonderen Wunsch, einen Sex-Kick, der dich anmacht?«

»Ich weiß nicht«, murmelte ich.

»Immer nur öden Otto-Normalverbraucher-Sex, Sammy?«, fragte Raphael lachend.

»Ich weiß nicht«, murmelte ich wieder.

»Pass mal auf«, sagte Raphael. »Du sagst mir, wie viele Filme du willst, und ich stelle dir mal eine interessante Auswahl zusammen, okay?«

»Ja«, sagte ich.

»Also, wie viele Filme?«, fragte Raphael geschäftsmäßig.
»Wieder vier, vielleicht«, murmelte ich.
»Geht in Ordnung«, sagte Raphael. »Ich bringe sie dir heute Abend vorbei, da kannst du dir gleich eine lustige Nacht machen.«
Ich nickte und legte mit zitternden Fingern den Hörer auf.

Leander erzählt . . .

Über die Freundschaft

Ich weiß gar nicht, wo ich anfangen soll, eigentlich weiß ich nicht mal, was ich überhaupt erzählen könnte. Ich fühle mich schuldig und auch nicht schuldig.
Früher waren Sammy und ich jedenfalls Freunde, richtig gute Freunde. In der zweiten Klasse begann unsere Freundschaft. Ich war damals mit meinen Eltern neu in die Stadt gekommen und fand es schrecklich, in eine völlig fremde Klasse mit völlig fremden Kindern gehen zu müssen.
Aber dann setzten sie mich neben Sammy, den damals alle noch Samuel nannten. Und Samuel war schüchtern und ziemlich ängstlich, nicht sehr sportlich und irgendwie ein bisschen vergessen von den anderen. Ich glaube, bevor ich in die Klasse kam, hat er eine Weile ganz alleine gesessen.
Jedenfalls wurden wir Freunde, und weil meine Eltern beruflich immer sehr in Stress und Hektik und Eile sind, sie haben zusammen eine große Anwaltskanzlei, ging ich mittags immer öfter mit Sammy nach Hause. Sammys

Mutter arbeitete zwar auch meistens oder steckte sich Ohrstöpsel in die Ohren und legte sich todmüde ins Bett, aber Sammys Großeltern nahmen sich unserer Wünsche nach Mittagessen, Kuchen, Keksen, Saft und jeder Menge Pflastern bei aufgeschlagenen Knien ausgesprochen gerne an.

Als wir älter waren, kamen wir auch alleine klar. Wir wurden die besten Freunde und Sammy konnte sehr lustig werden und richtig aufdrehen und aus sich herausgehen, wenn wir alleine waren. Allerdings wollte er immer am liebsten mit mir alleine sein, das wurde nach und nach fast zu einer Manie. Auf jeden Fall wurde es zu einem Machtkampf zwischen uns beiden.

»Wollen wir Knut anrufen und fragen, ob er mit in den Wald kommt?«, fragte ich manchmal.

Dann schüttelte Sammy jedes Mal gereizt den Kopf.

»Warum nicht, Knut ist doch ziemlich nett?«, fragte ich.

»Ich möchte aber nicht«, beharrte Sammy stur.

Und dann ließen wir es. Ich habe eben jedes Mal nachgegeben, warum, weiß ich eigentlich auch nicht.

Irgendwann hatte sich eine Nähe entwickelt, die fast ein wenig unheimlich war. Ich hatte schon ein bisschen Angst, wir würden schwul werden oder so. Es fing damit an, dass ich Sammy nach seinem Vater fragte. Natürlich wusste ich, dass der gestorben war, aber ich wusste nicht, wann und wie und überhaupt.

Und dann habe ich Sammy eben ausgefragt. Erst wollte er gar nicht darüber sprechen, er meinte, er habe es satt, jedes Mal nur über diesen Unfall zu reden. Na ja, dann er-

zählte er aber doch. Es war schon spät, wir lagen nebeneinander im Bett, das heißt er in seinem Bett und ich davor auf einer Luftmatratze.
Sammy redete und redete und es beschäftigte ihn sehr, dass er bei diesem grässlichen Unfall dabei gewesen war, sich aber natürlich an nichts mehr erinnern konnte. Auch dass sich keiner um ihn gekümmert hatte, während er da im Rauch lag und schrie wie am Spieß, regte ihn auf. Zum Schluss erzählte er mir von seinen Feuerträumen und wie schlimm diese Träume für ihn seien.
»Einmal bist du verbrannt, Leander«, sagte er leise. »Es war schrecklich und ich hatte solche Angst.«
Dann weinte er ein bisschen und schließlich, nachdem wir eine Weile Hand in Hand in der Dunkelheit dagelegen hatten, kletterte er aus seinem Bett und schlief ebenfalls auf der Luftmatratze, dicht neben mir. Wir haben darüber später nie ein Wort verloren, ich weiß nicht mal mehr genau, wann das gewesen ist. – Doch, ich weiß, wie alt wir waren. Dreizehn. Dann fingen wir an, zusammen zu onanieren, ebenfalls nachts, ebenfalls in Sammys Zimmer.
Mir wurde das alles unheimlich, nicht die Wichserei, das meine ich nicht, aber die Geschichten, die Sammy manchmal erzählte. Einmal erzählte er mir, er hätte wieder so einen Feuertraum gehabt und in diesem Traum hätten er und ich zugesehen, wie Knut verbrannte. Sammy lachte dabei, aber ich wechselte dann ziemlich schnell das Thema.
Wie Sammy in der Schule war? Na ja, er war kein richtiger Einzelgänger, schließlich war er mein bester Freund, aber

die anderen kümmerten sich nicht viel um ihn. Und dann war er ja auch ziemlich klein, der schmächtigste Junge der ganzen Klasse. Heute denke ich, dass Sammy etwas unheimlich Zwingendes haben kann. Er hatte mich ziemlich in der Hand. Und als sich Patricia aus unserer Klasse in mich verliebt hat, wurde er richtig sauer. Ich war eigentlich geschmeichelt, Patricia war das erste Mädchen, das sich etwas aus mir machte, aber weil Sammy so böse wurde, ließ ich die Finger von ihr. Aber wenigstens war ich mir seit der Sache mit Patricia sicher, dass ich nicht homosexuell war.

Letztes Jahr kam dann Franz in unsere Klasse, Franz Borowikowski aus Weißrussland. Seine Eltern haben deutsche Vorfahren und darum sind sie eben nach Deutschland gekommen, aber Franz wäre, glaube ich, viel lieber in seinem Heimatdorf bei Minsk geblieben. Er sprach allerdings letztes Jahr noch kaum ein Wort Deutsch. Jedenfalls sah er nicht glücklich aus. Und das wurde noch schlimmer, als Raphael anfing, Franz das Leben schwer zu machen. Ich kann mich gar nicht mehr an alles erinnern, was er sich einfallen ließ, um Franz zu quälen und auszugrenzen, es war jedenfalls eine ganze Menge. Aber einmal wurde es mir zu bunt, das heißt, im Grunde platzte Knut der Kragen.

Raphael hatte Franz hinter der alten Sporthalle aufgelauert und wollte ihn zwingen, sich komplett auszuziehen.

»Und dann darfst du deine Unterhose kauen, Russenarsch«, erklärte er grinsend. Knut kam zufällig vorbei, normalerweise ist der Trampelpfad hinter der alten Sporthalle ziemlich verwaist, weil sie ja nicht mehr benutzt wird, seit die neue Halle gebaut worden ist.

Raphael war nicht alleine mit Franz. Aljoscha und Christian, Raphaels Freunde, standen ebenfalls um Franz herum.

Knut, der damals einen frisch eingegipsten Arm hatte, schaute sich wutentbrannt um und sah, wie ich eben auf mein Rad steigen wollte, um zu Sammy zu fahren.

Na, jedenfalls kamen Knut und ich Franz dann zu Hilfe, aber Raphael, der sehr verärgert darüber war, dass ich ihm den Spaß verdorben hatte, schlug mir derart seine Faust auf den Mund, dass Ober- und Unterlippe aufplatzten und höllisch bluteten. Raphael, Aljoscha und Christian machten sich dann aus dem Staub und ich ging auf wackeligen Knien zurück zu meinem Rad. Knut ging ebenfalls mit düsterer, besorgter Miene nach Hause, er ist ein echter Idealist und verabscheut jede Art von körperlicher Gewaltanwendung.

»Tut mir leid, dass ich dich da reingezogen habe«, sagte er mir zum Abschied niedergeschlagen.

»Schon in Ordnung«, nuschelte ich.

Franz rannte, blass und ängstlich, wie ein aufgescheuchtes Huhn davon. Franz ist noch ein ganzes Stück kleiner und schmächtiger als Sammy und die beiden könnten sich eigentlich ganz gut verstehen, aber Sammy will ja keine Freunde haben. Außer mir.

Und dann kam die Sache mit Karlotta. Und sie brachte das Ende zwischen Sammy und mir. Natürlich war es ärgerlich, dass Sammy sich auch in Karlotta verliebte, und zwar gewaltig. Es knallte und brodelte förmlich in Sammy, wenn Karlotta in seiner Nähe war, er wurde jedes Mal blass und stumm und schreckhaft und hatte tagelang dunkle Schatten unter den Augen. Ich weiß, er hat sie damals im Sommer zuerst entdeckt und er litt wirklich Höllenqualen.

Es war verrückt, Sammys Verliebtsein beutelte ihn ganz schön, ich bin lange genug sein bester Freund gewesen, um das zu wissen, aber meine Gefühle waren eben auch da. Und Karlotta war eine ganz andere Geschichte als Patricia, diesmal ließ ich nicht Sammy bestimmen. Natürlich tat mir Sammy leid, furchtbar leid, aber ich zwang mich regelrecht, dieses Mitleid so wenig wie möglich zu beachten.

Ich verliebte mich ganz nach und nach in Karlotta, und das war bestimmt doppelt schlimm für Sammy, der vor Verliebtsein fast zusammenklappte, während ich Karlotta gegenüber zuerst sogar ein bisschen skeptisch war.

Ich habe rote Haare früher nie besonders gerne gemocht. Sie gefielen mir einfach nicht, ich kann nicht mal sagen, warum. Rote Haare, blasse Haut und dann diese vielen Sommersprossen. Rothaarige Menschen haben ja nicht nur im Gesicht Sommersprossen, sondern auch auf den Armen, Händen, Beinen und Füßen.

Bei Karlotta ist es natürlich genauso, sie hat sogar einen sommersprossengesprenkelten Busen. Was auch immer aus mir und Karlotta werden wird oder nicht, inzwischen mag ich rothaarige Mädchen und am liebsten mag ich Karlotta.

Und Karlotta ging es mit mir, wie es Sammy mit Karlotta ging. Sie lernte mich kennen und fühlte sich genauso explosiv zu mir hingezogen, wie sich Sammy zu ihr hingezogen fühlte.
Diesmal schaffte ich den Absprung. Karlotta und ich wurden ein Paar. Das alles soll nicht heißen, dass ich Sammy abschütteln wollte wie eine lästige Fliege, ich habe nicht aufgehört, ihn zu mögen, aber er hat aufgehört, mich zu mögen. Er hat es mir nicht verziehen, dass ich unsere festverschweißte Freundschaft aufgebrochen habe. Aufgebrochen, aber nicht abgebrochen. Abgebrochen hat er sie. Ich habe immer wieder versucht, Sammy weiter in mein Leben einzubeziehen, aber er hat mich angeschaut, als wäre ich sein größter Feind. Er wurde mir nach und nach richtig unheimlich.
Dann starb Charly, ich war wirklich sehr traurig, als ich es erfuhr. Der gute, alte Charly.
Es ist schade um ihn, wirklich, er war der beste kleine Hund, den ich kenne. – Karlotta erzählte es mir. Sie kennt ein kleines Mädchen, Sophia heißt es, Karlotta kümmert sich manchmal um sie, wenn Sophias Mutter unterwegs ist, und Sophia hat eine große Schwester, Anuschka, und die war dabei, als Charly unter ein Auto kam. – Karlotta sagt, Sammy soll sehr sonderbar reagiert haben, als Charly starb.
»Wie meinst du das?«, fragte ich sie stirnrunzelnd.
»Sophias Schwester hat gemeint, Sammy habe nur mit den Achseln gezuckt und sei zurück ins Haus gegangen«, sagte Karlotta.

»Sophias Schwester hat einen Knall«, antwortete ich ungläubig. »Sammy liebte diesen Hund über alles.«

Ich fühlte mich sehr unwohl nach diesem Gespräch mit Karlotta und nahm mir vor, im neuen Schuljahr alles zu tun, um mit Sammy wieder ins Reine zu kommen.

Aber dann, nach den großen Sommerferien, war Sammy nicht mehr alleine. Und niedergeschlagen sah er auch nicht mehr aus. Denn er hatte wieder einen Freund. Und dieser Freund war Raphael.

Sammy erzählt . . .

In der Schule

Ich schaute Raphaels Videos an, während meine Mutter und Konrad das neue Haus einrichteten. Da sie sowieso nie nach oben kamen, wurde ich mutiger.
Ich verschloss lediglich meine Tür und dann widmete ich mich den neuen Filmen, die ich Raphael abgekauft hatte. Der Himmel über meinem schrägen Dachfenster war so hell, dass ich die Augen zusammenkneifen musste, wenn ich hinaufsah. Trotzdem war von einer Sommersonne weit und breit nichts zu sehen, stattdessen regneten nadeldünne, feindselige Regentropfen gegen die Fensterscheibe und bedeckten sie mit einem dürren, rissigen Regenmuster. Ein paar Krähen kreisten über dem Hausdach. Ich folgte ihnen mit wütenden Blicken. Diese blöden Vögel kackten mir dauernd praktisch auf den Kopf. Natürlich nicht direkt, weil mein Fenster die matschige graue Kacke von mir fernhielt, aber das war nur ein schwacher Trost.
»Könnt ihr nicht woanders Durchfall haben?«, brüllte ich ein paarmal. »Oder veranstaltet ihr ein Zielscheißen auf mein Fenster?«

Die Krähen kreischten mir frech ihre aufsässigen Antworten zu. Wütend schmiss ich einen Turnschuh gegen das Fenster, dann schob ich eine neue Kassette in den Videorekorder. Zuerst hatte ich gedacht, Pornos bei Tageslicht seien weniger erregend als Pornos im dunklen Zimmer bei Nacht, aber das stimmte nicht. Die Filme machten mich unheimlich an, gerade bei Tag. Es war eine eigentümlich erregende Situation, meiner Mutter und Konrad bei ihren alltäglichen Lebensgeräuschen zu lauschen – beim Telefonieren und Kochen, beim Gespräch mit Konrads Mutter oder beim Spielen mit Sophia, Konrads zweiter Tochter, die jetzt manchmal kam – und dabei diese Videos anzuschauen.

Ich befriedigte mich mehrmals hintereinander selbst, während ich einen einzigen dieser Filme anschaute. Wenn einer zu Ende war, wartete ich gerade so lange ab, bis die Kassette zurückgespult war, dann schob ich die nächste in den Rekorder. Und wieder packte mich die Erregung.

Als die Sommerferien zu Ende waren, hatte ich eine schlimme Entzündung an meinem Pimmel. Wütend auf mich selbst, musste ich ihn zwangsläufig schonen, aber ich war sehr gereizt und konnte nur schlecht laufen.

Dann zog, einen Tag vor Beginn des neuen Schuljahres, Anuschka bei uns ein. Das heißt, sie zog nicht richtig ein, stritt aber so laut und böse mit Konrad herum, bis der sich beeilte zu versichern, dass er natürlich vorgehabt hatte, zwei Zimmer des neuen Hauses für Anuschka und Sophia einzurichten.

Meine Mutter sah nicht sehr begeistert aus, als Konrad dann auch gleich zur Tat schritt und ihr neues Nähzimmer, wenigstens provisorisch, für seine Töchter enteignete.

Komisch, da waren wir gerade erst eingezogen, und solange die Räume weiß, leer und unbewohnt gewesen waren, war mir das Haus unangenehm groß vorgekommen. Und jetzt wurde es schon wieder zu eng. Ich flüchtete bei jeder Gelegenheit in mein einsames, stilles Dachgeschoss.

Am liebsten war es mir, wenn niemand zu Hause war. Dann hatte ich alle Luft zum Atmen für mich alleine.

Aber sobald Konrad von seinem Dienst nach Hause kam und sich im Wohnzimmer mit einer Zeitung an den Tisch setzte, ging ich sofort wieder wortlos in mein Dachzimmer. Konrad nahm immer sehr viel Raum ein, allein durch seine Anwesenheit. Ich konnte mich einfach nicht an ihn gewöhnen.

»Samuel, bist du schon auf?«, sagte er eines Morgens mit gedämpfter Stimme, als er am Sonntag früh von seinem Nachtdienst zurückkam, und klopfte leise an meine angelehnte Zimmertür.

Ich blinzelte auf meine Armbanduhr, es war schon neun Uhr. Das war spät für Konrad, wahrscheinlich hatte er ein paar lange, komplizierte Geburten hinter sich.

Ich richtete mich verärgert auf, dummerweise hatte ich in der Nacht vergessen, meine Tür abzuschließen, wie ich es sonst immer tat.

Jede Bewegung tat mir weh, mein Pimmel war noch immer nicht in Ordnung. Trotzdem stand er schon wieder senkrecht unter meiner Bettdecke und brachte mein Blut in Wallung.

»Samuel?«

Ein zweites, kurzes Klopfen und Konrad schob die Tür auf.

»Was willst du?«, fragte ich unfreundlich und verkroch mich unter meiner schützenden Decke.

»Etwas mit dir besprechen«, antwortete Konrad und betrachtete einen Augenblick sprachlos die Kackeflecken, die über seinem Kopf auf dem schrägen Fenster festgetrocknet waren. Dunkel, fast schwarz, und sehr schlierig, erinnerten sie an etwas zu klein geratene Kuhfladen.

»Igitt«, sagte Konrad. »Was ist denn das?«

»Krähendurchfall«, murmelte ich matt. »Oder vielleicht verdauen Krähen auch immer auf diese Art und Weise, was weiß ich . . .«

»Müsste man mal putzen«, schlug Konrad vor.

»Viel Spaß dabei«, sagte ich.

Wir schauten uns an. Konrad hatte erschöpfte Augen. Ob ich ihn vielleicht sympathisch gefunden hätte, wenn er mir nicht meine Mutter und unsere gemütliche Dachwohnung und Charly weggenommen hätte? Überraschend eigentlich, dass er überhaupt Lust hatte, ausgerechnet mit *uns* zu leben. Mit meiner Mutter, die immer nur müde und überarbeitet und gereizt war, und mit mir, der ich gar nichts tat, außer herumzusitzen und schlechte Stimmung zu verbreiten.

Konrads Blick glitt flüchtig durch mein Zimmer, ich registrierte es ärgerlich. Was wollte Konrad – Vater spielen?

Oder Kontrolleur? Nervös stellte ich fest, dass ich diese Nacht vergessen hatte, Raphaels Filme zurück in den Schrank zu legen. Sie lagen auf dem Videorekorder.

Konrad schaute sich immer noch um. In seinen Gedanken bemühte er sich, den verwinkelten Dachboden so zurechtzuwürfeln, dass es gelingen würde, noch eine Ecke für Anuschka und Sophia abzutrennen, aber das wusste ich in dem Augenblick zum Glück noch nicht.

»Was willst du hier?«, fragte ich also und hoffte inständig, Konrad würde sich schleunigst wieder verziehen und dabei keinen zufälligen Blick auf den Videorekorder werfen. Aber diesen Gefallen tat er mir, leider, nicht.

»Was ist denn das?«, fragte Konrad entsetzt. »Was hast du denn da für ein Teufelszeug?«

Ich sagte nichts.

»Mensch, Samuel, das ist ja ekelhaft«, murmelte Konrad und betrachtete sich der Reihe nach alle vier Filmhüllen.

»Guckst du so was?«, fragte er dann, was eine blöde Frage war, denn was sollte ich sonst mit diesen Filmen tun. Sie verspeisen, Blumen darin pressen, sie als Briefbeschwerer benutzen?

Ich sagte wieder nichts.

»Das sind ja richtig brutale Sexfilme«, sagte Konrad kopfschüttelnd und schaute mich angewidert an.

Ich zuckte mit den Achseln.

»Deine Mutter weiß wahrscheinlich nichts von diesem – Hobby?«

Ich schwieg.

Da nahm Konrad die Filme wortlos mit und ging hinunter.

Überall um mich herum war Feuer. Es brannte und brannte und brannte. Verzweifelt rannte ich herum und wusste, da war jemand, den wollte ich unbedingt retten, aber wen? Ich konnte mich beim besten Willen nicht daran erinnern. Das Feuer brannte mir in den Augen und ich versuchte, mein Gesicht zu schützen. Leander tauchte brennend auf und neben ihm Karlotta. In ihren roten Haaren züngelten die Flammen, was ein verrücktes Farbspiel ergab. Auch Oma und Opa liefen brennend an mir vorüber, Oma im Nachthemd und mit einer Teetasse in der Hand, aus der das dünne Band eines Teebeutels herausbaumelte, brennend herausbaumelte. Mein Opa schaute meine Oma furchtbar wütend an, er riss an ihrem Nachthemd und schrie: »Benutz den Teelöffel, benutz den Teelöffel . . .«

Dann tänzelten meine Mutter und Konrad heran, in buntes, sprühendes Feuer gehüllt wie Wunderkerzen an Silvester und Konrad sang: »Ulla, willst du meine Frau werden?« Und meine Mutter antwortete ebenso singend: »Ich liebe dich nicht, ich liebe dich nicht, ich will bloß nicht länger alleine sein . . .«

Benommen stand ich da und wartete auf meinen brennenden Vater, denn wenn einer brennen musste, dann doch er! Er war es doch, der mit diesem Unsinn angefangen hatte, wo blieb er also? Aber mein Vater kam nicht, sosehr ich auch nach ihm Ausschau hielt. Stattdessen war da noch Charly, der brennend und bellend und winselnd hinter Konrads Auto saß und mich besorgt anschaute. Und ich stolperte auf ihn zu, weil ich mir sicher

war, dass er mir sagen würde, wen ich eigentlich retten wollte. Charly bellte und ich lauschte. Wie merkwürdig, dass ich plötzlich die Hundesprache zu verstehen schien. Aber Charly bellte ja nur Unsinn.
»Was sagst du da?«, fuhr ich ihn böse an.
Charly bellte weiter.
»So ein Unsinn«, brüllte ich. »Warum sollte ich *mich* retten, Charly, kannst du mir das mal erklären? – Mir geht es doch gut, du dummer Dackel.«
Dann wachte ich erschrocken auf und starrte eine halbe Ewigkeit lang deprimiert das schmutzige Fenster über mir an.
Merkwürdigerweise sprach mich meine Mutter nicht auf die Filme an. Weder an diesem Sonntag noch später. Ich war sehr erleichtert deswegen.
Aber trotzdem ging auch weiterhin alles schief.
Anuschka kam und blieb. Sie bewohnte das kleine Nähzimmer im Erdgeschoss, ein Zimmer mit Blick auf den verregneten Garten.
Sophia, Konrads kleine Tochter, kam in der Zwischenzeit auch jeden Samstag, damit ihre Mutter Zeit für Erledigungen hatte. Meine Mutter und Konrad mussten ihre Wochenendeinkäufe dafür im Verein mit Sophia machen.
»Bleib doch hier bei Anuschka und Sammy, Mäuschen«, bat Konrad sie eines Tages eine Spur ungeduldig. »Dann geht die Einkauferei viel schneller, die Geschäfte sind heute völlig überfüllt.«
»Ich will aber mit«, erwiderte Sophia stur. »Ich will, ich will, ich will!«

»Aber wir gehen nur zum Supermarkt und zum Tanken«, warnte Konrad. »Kein Karussell, keine Süßigkeiten und kein anderes Tamtam, hörst du, mein Fräulein?«

»Mama sagt, ich soll unbedingt immer mitgehen, wenn du mit IHR unterwegs bist«, erklärte Sophia mit ihrer lauten, durchdringenden Stimme.

»Soso«, sagte Konrad. »Sagt Mama das.«

»Ja«, rief Sophia. »Weil ich deine TOCHTER bin und SIE nur deine dumme Krankenschwester . . .«

»Sophia!«, schimpfte Konrad gereizt.

»Lass doch, Konrad«, sagte meine Mutter. »Sie ist doch erst fünf, sie versteht dieses ganze Drama doch noch gar nicht.«

»Doch verstehe ich das«, sagte Sophia mit schneidender Stimme. »DU bist nur eine dumme Krankenschwester und DU hast mir meinen Papa weggenommen. Und darum hasse ich dich, wirklich, das tue ich. Und Anuschka auch. Du blöde Frau Becker!«

Ich stand oben am Treppenabsatz und lauschte. Dieses aufsässige, verwöhnte Luder, warum stopfte ihr eigentlich keiner den vorlauten Mund?

Als Konrad, meine Mutter und Sophia endlich gegangen waren und ich das Auto wegfahren hörte, ging ich wütend nach unten und riss, ohne anzuklopfen, die Tür zum kleinen Nähzimmer auf.

Anuschka saß auf ihrem Bett und lackierte sich ihre Fingernägel.

»Was willst du hier, kannst du nicht anklopfen?«, fragte sie und schaute mich verärgert an.

»Wie wär's, wenn du diesem kleinen Monster, das deine Schwester ist, mal das Maul stopfst?«, knurrte ich.
»Hast du einen Knall?«, fragte Anuschka und guckte mich böse an.
»Warum hängt ihr beide überhaupt dauernd hier rum?«
Anuschkas Blick wurde noch böser. »Zufällig ist das *unser* Vater, bei dem wir sind. Es ist *sein* Haus, das er von *unserem* Geld gekauft hat. Dieses Haus steht *uns* zu, Sophia und mir. Was willst *du* also hier, du hässliches Milchgesicht?«
Ich zuckte zusammen und schwieg.
»Du brauchst gar nichts zu sagen«, erklärte Anuschka achselzuckend und lackierte seelenruhig ihre Nägel weiter. »Ich weiß schon, warum du hier rumhängst. Weil du der lächerliche Ableger deiner lächerlichen Mutter bist, mit der mein Vater, warum auch immer, zur Zeit lieber ins Bett geht als mit meiner Mutter.«
»Pass auf, was du sagst«, fauchte ich.
»Glaubst du, ich habe vor dir Angst?«, sagte Anuschka verächtlich.
»Du wirst dich schon noch wundern«, murmelte ich und ging zurück in mein Zimmer.

In der Schule saß ich jetzt neben Raphael. Es war mein Glück, dass Raphaels Freunde Aljoscha und Christian in die Parallelklasse gingen, so hatte ich Raphael wenigstens während des Unterrichts für mich.
Es gab aber noch immer einen in der Klasse, der alleine saß, und das war Franz.

Franz aus Russland, ein furchtbar dünner, ängstlicher Junge, der eine Menge Geschwister, eine dicke Mutter und einen dünnen, ängstlichen Vater besaß, und alle zusammen wohnten sie in einer engen Dreizimmerwohnung in der einzigen Hochhaussiedlung unserer Stadt. Früher wohnten da fast nur Türken und Griechen, jetzt lebten da hauptsächlich Russen und Polen. Das alles hatte mir Raphael erzählt.

»Und demnächst werden wir uns diesen Russenarsch noch mal gründlich vorknöpfen«, flüsterte mir Raphael in der Mathestunde zu und grinste vielsagend.

»Wer, wir?«, flüsterte ich zurück.

»Na, Aljoscha, Christian und ich«, flüsterte Raphael. Dann schaute er mich an. »Willst du vielleicht bei uns mitmachen?«

Wir schauten uns an, nachdenklich und abschätzend.

»Allerdings haben wir nicht vor, mit Franz zum Kinderkarussell zu gehen, und eine Zuckerwatte spendieren wir ihm auch nicht . . .«

»Raphael Zobel«, sagte da unser Mathelehrer, Herr Otto. »Wie wäre es, wenn du dich noch ein Viertelstündchen der höheren Mathematik widmen würdest?«

Raphael lächelte. »Geht klar.«

»Gut, dann rechne bitte die nächste Aufgabe an der Tafel vor, aber in allen Schritten.«

Raphael nickte, ging an die Tafel und rechnete.

»Sehr gut gemacht, Raphael«, sagte Herr Otto zufrieden.

Und Raphael setzte sich wieder.

»Okay, ich bin dabei«, flüsterte ich verstohlen und Raphael nickte. »Aber vermassle es nicht, denk dran, wir sind nicht die Heilsarmee.«

Ich nickte und fühlte ein angenehm aufgeregtes Ziehen im Bauch. Was Raphael wohl mit Franz vorhatte?

Ich schaute zu Franz hinüber, der blass und konzentriert dasaß und zur Tafel schaute. Dabei klimperten seine Finger die ganze Zeit ruhelos auf der Tischkante herum. Er hatte diesen Tick, ständig selbstvergessen auf der Tischkante Klavier zu spielen. Als er ganz neu in die Klasse gekommen war, hatte Frau Klinka, unsere Klassenlehrerin, uns erzählt, dass Franz ein großes Musiktalent sei, er spiele bereits seit vielen Jahren sehr erfolgreich Klavier und werde bestimmt mal eine große Karriere als Pianist machen.

Ich musterte gereizt Franz' blasses, angespanntes Gesicht mit den ängstlichen Augen und den zusammengekniffenen Lippen. Seine schmalen Fingerspitzen sprangen ungestüm herum. Tock tock tocktocktock . . .

»Franz, bitte«, sagte Herr Otto ärgerlich.

Franz zuckte zusammen und seine Finger verschwanden blitzschnell unter dem Tisch.

»Entschuldigung«, murmelte er.

»Dann komm mal nach vorne, Franz, und rechne die letzte Aufgabe«, sagte Herr Otto.

Franz schlich nach vorn, stolperte über seine eigenen Füße und krallte sich, um nicht hinzufallen, an der Tafel fest. Da, wo seine Finger die Tafel berührten, bildeten sich nasse Flecken.

»Also bitte, Franz, nun fang endlich an«, drängte der Mathematiklehrer.

Aber Franz schaffte es nicht, er schaffte nicht mehr als ein paar wirre, ungelenke Zahlen, die er jedes Mal wieder verzweifelt auslöschte.

»Ich habe . . . nicht genau . . . versteht, verstanden, meine ich«, sagte er schließlich.

»Schau doch nach rechts«, sagte Herr Otto immer wieder. Rechts stand Raphaels Rechnung immer noch an der Tafel.

»Mach es wie Raphael, Franz«, sagte Herr Otto. »Herrgott, MACH ES WIE RAPHAEL ZOBEL.«

Aber Franz versagte.

»Russentrottel«, sagte Raphael halb laut und da musste ich laut loslachen, richtig prusten.

Britta lachte auch. Ansonsten war es still in der Klasse. Franz ging wie ein Verurteilter zurück auf seinen einsamen Platz und stürzte sich in ein neues Klavierwerk. Tock tock tocktocktock, seine Finger überschlugen sich fast.

Dann klingelte es und ich spürte noch im Rausgehen, dass Leander mir wütend nachschaute, sein Blick stach mir nahezu in den Rücken. Aber ich schüttelte diesen Blick einfach ab und machte mich, zusammen mit Raphael, auf die Suche nach Aljoscha und Christian.

Wir schlenderten durch die Straßen, schwänzten die Schule und vertrieben uns die Zeit mit Blödsinn. Wir rempelten kichernd herum, riefen den Leuten wüste, alberne Drohungen hinterher und für eine kleine Weile setzten wir zwei jüngeren Schülern nach, bis die wie aufgescheuchte Hühner davonrannten. Wir lachten ihnen laut hinterher und Aljoscha pinkelte gegen das Schaufenster eines neu eröffneten Reformhauses. Der Ladenbesitzer schimpfte, aber wir schlenderten einfach weiter und achteten nicht auf ihn. Aljoscha knöpfte seine Hose zu und steckte sich anschließend eine Zigarette an.

Ich fühlte mich merkwürdig. Einerseits war ich vergnügt und es gefiel mir, mit Raphael und seinen Freunden herumzuziehen, aber andererseits fühlte ich mich vor mir selber fremd. Als uns schließlich zwei Mädchen aus unserer Schule über den Weg liefen, begannen wir über Sex zu reden. Ich fühlte mich unsicher und hielt vorsorglich den Mund, während Aljoscha ein paar heiße Storys zum Besten gab.

Ich bekam einen trockenen Mund und dachte an die Filme, die ich nachts sah. An Karlotta dachte ich auch und daran, wie anders ich mir früher alles vorgestellt hatte. Liebe und so. Liebe und Verliebtsein. Warum lief eigentlich alles so schief? Warum war nur alles so kompliziert?

»Sammy ist mit Sicherheit noch Jungfrau«, sagte Aljoscha schließlich und grinste mich an.

»Quatsch«, murmelte ich und wurde immer unsicherer.

»Klar bist du noch eine Jungfrau«, sagte Aljoscha.

»Nein«, sagte ich ärgerlich.

Wir blieben stehen.

»Du kennst dich also schon aus mit Weibern«, sagte Christian skeptisch.

Ich nickte schnell. Raphael warf mir einen merkwürdigen Seitenblick zu, schwieg aber.

»Das musst du uns beweisen«, sagte Aljoscha da.
»Was?«, fragte ich verwirrt.
»Dass du dich schon auskennst in Sachen Weiber und Sex«, sagte Christian. Und dann verabredeten wir eine verrückte Sache. Mir war nicht wohl dabei, aber ich stimmte trotzdem zu. Und dann ging ich nach Hause. Ängstlich und angemacht.
In dieser Nacht schaute ich mir keinen von Raphaels Filmen an, in dieser Nacht wälzte ich mich schlaflos und verschwitzt und aufgeregt in meinem Bett herum und fand keine Ruhe.

Die Klassenlehrerin erzählt . . .

Der erste Zwischenfall

Es ist ja alles schon wieder eine kleine Weile her, aber natürlich kann ich mich noch daran erinnern, was passiert ist.
Ich glaube, es war an einem Montag, das neue Schuljahr hatte gerade erst begonnen, das heißt, wir hatten die erste Unterrichtswoche eben hinter uns.
Am Montagmorgen der zweiten Woche sprachen wir über den Trojanischen Krieg. Die 9a war eine ganz und gar durchschnittliche, unauffällige Klasse. Fünfzehn Jungen und zehn Mädchen. Darunter ein Rollstuhlfahrer, rundherum integriert, und ein russischer Aussiedlerjunge, der sich noch ein bisschen schwertat. Er hatte Probleme mit der deutschen Sprache und war auch sonst ein Einzelgänger, dabei aber ungewöhnlich musikalisch, der Vater Musiker, die Mutter Lehrerin, beide allerdings arbeitslos.
Und das waren die Vorkommnisse an besagtem Montagmorgen:
Die Klassenlehrerin der fünften Klasse, begleitet von der Direktorin, Frau Calmano, betrat gegen halb zehn Uhr

meinen Klassenraum. Bei sich hatten sie ein zehnjähriges, sehr schmächtiges, zartes Mädchen, das völlig aufgelöst schien und leise weinte.

»Wir müssen leider kurz unterbrechen«, sagte Frau Calmano und schloss die Tür hinter sich. Auf diese Begrüßung reagierte die 9a überaus erfreut, Unterbrechungen des Unterrichts sind natürlich immer willkommen.

»Es gibt leider ein großes Problem«, sagte meine Kollegin, Frau Sommer, bedrückt.

Die 9a wurde nach und nach in der üblichen Weise unruhig und ich musste einige Male um Ruhe bitten.

»Ein Mädchen der fünften Klasse wurde heute früh, vor der Schule, auf sehr unangenehme Art und Weise belästigt.«

Frau Sommer runzelte die Stirn und suchte nach Worten.

»Der Vorfall passierte auf dem alten Trampelpfad hinter der unbenutzten Turnhalle und . . .«

Das kleine Mädchen schluchzte auf und wischte sich immer wieder die Hände an einem schon völlig zerrissenen Papiertaschentuch ab.

». . . wir haben nun Grund zu der Annahme, dass es sich bei den vier Tätern, nach denen wir suchen, um Schüler der neunten Klasse handelt.«

Die 9a reagierte natürlich sehr unwillig, ein großer Tumult breitete sich aus, es war mir unmöglich, die Ruhe wiederherzustellen.

»Bitte, geht das nicht ein bisschen ruhiger?«, bat Frau Calmano schließlich niedergeschlagen. »Wir haben hier wirklich ein großes Problem zu besprechen.«

Aber erst als die Kollegin der fünften Klasse sich an das weinende Mädchen wandte, ebbte der Lärm abrupt ab. Eine angespannte Stille entstand.

Das Mädchen schaute sich ängstlich um, immer noch wischte und rieb es an seinen bebenden Händen. Ich hatte großes Mitleid mit dem Kind, konnte mir aber beim besten Willen nicht vorstellen, dass meine 9a in diese Geschichte verwickelt sein könnte.

Natürlich registrierte ich, dass Samuel Becker ein bisschen unruhig war, aber Samuel war einer meiner zurückhaltendsten Schüler. Er wirkte immer ein wenig verkrampft und unsicher, aber er war ein sehr unauffälliger Schüler und kam aus einem behüteten Elternhaus.

Die Gegenüberstellung mit der 9a fiel dann auch negativ aus, ich atmete auf, obwohl ich es nicht anders erwartet hatte.

Sammy erzählt . . .

Neue Freunde

Am Montagmorgen trafen wir uns im kleinen Stadtpark, an dessen Ende ein kleines Steintor ist. Dieses Steintor ist nur einen Katzensprung vom alten Trampelpfad entfernt, der von hinten her zur Schule führt.
Ich hatte Herzklopfen, als ich auf die anderen wartete und mich dabei nass regnen ließ. Der Himmel war grau und bedeckt und der Erste, der nach mir auftauchte, war Christian.
»Hallo«, sagte ich unsicher, weil ich mit Christian noch nie alleine gesprochen hatte und weil er ein ziemlich großer, kahl geschorener Kerl war, dem kein besonders guter Ruf vorauseilte.
»Mist«, murmelte Christian und starrte auf etwas, das er in seinen Händen hielt. Dieses Etwas piepste und fiepte.
»Was hast du denn da?«, fragte ich höflich.
Christian schaute auf mich hinunter, verflixt, warum war ich nur so ein Zwerg?
»Das ist mein Tamagotchi«, antwortete er knapp. »Es

ist irgendwie nicht in Ordnung, keine Ahnung, was es hat.«

Ich schwieg, weil ich geglaubt hatte, ein Tamagotchi sei nur ein merkwürdiges Spielzeug für Kinder, die sich langweilten und sich im Grunde ein echtes Haustier herbeisehnten. Verunsichert starrte ich auf Christians Finger, die konzentriert die Plastikknöpfe dieses Plastikeies bearbeiteten.

»Nun komm schon, MacChicken, du wirst doch hoffentlich nicht krepieren?«, murmelte er und seine Stimme klang ein bisschen beunruhigt.

Das Ei fiepte alarmierend.

Und dann dauerte es tatsächlich so lange, bis Raphael und Aljoscha auch da waren, ehe Christian sein Tamagotchi erleichtert zurück in seine Jackentasche gleiten ließ.

»Es ist dauernd krank«, sagte er entschuldigend, dann zogen wir los.

Zuerst kam Knut, er trug seine Klarinette unter dem Arm. Pfeifend kam er durch den Regen spaziert und wir versteckten uns eilig im Gebüsch.

»Diesen blöden Spinner nehmen wir eines Tages auch mal hoch«, zischte Aljoscha wütend. Die anderen nickten, ich nickte ebenfalls.

»Kann mir denken, dass du auf den Trottel eine Wut hast«, sagte Raphael und lächelte mich wissend an. »Schließlich ist er der neue Darling von deinem bekloppten Exkumpel Leander.«

Dazu sagte ich nichts, ich war nur eine Spur beunruhigt,

dass Raphael sich so haarscharf in meine Gefühle hineindenken konnte. Aber das war ja im Grunde ganz in Ordnung so, schließlich war Raphael jetzt mein Freund.
»Da kommt eine«, flüsterte Aljoscha plötzlich. Ich erschrak ein bisschen, für einen Moment hatte ich ganz vergessen, warum wir hier im Regen standen und warteten.
»Die nicht«, sagte Christian.
»Warum nicht?«, zischte Aljoscha.
»Die kenne ich, sie ist die Tochter vom Bäcker in unserer Straße.«
»Mist«, murmelte Raphael. »Ich frier mir hier den Arsch ab, Mann. Warum regnet es eigentlich immerzu? Scheißsommer.«
Wir warteten und warteten.
»Es klingelt gleich«, sagte Raphael schließlich düster. »Jetzt kommt garantiert keine mehr, so ein Mist.«
»Kommen wir halt morgen noch mal her«, sagte Christian achselzuckend. Im gleichen Moment piepste das Plastikei in seiner Tasche.
»MacChicken, verflixt . . .«, murmelte er und zog es vorsichtig hervor.
»Schon wieder krank?«, fragte Aljoscha spöttisch. »Lass mal sehen, den kleinen Nervtöter . . .«
»Nein, nicht krank«, sagte Christian, nachdem er einen Blick auf das winzige Display geworfen hatte. »Es hat bloß Hunger.«
»Du bist ja komplett behämmert mit deinem Terror-Ei«, sagte Raphael.

»Selber behämmert«, murmelte Christian achselzuckend und fütterte knöpfedrückend sein Ei.

»Da kommt noch eine, wir haben Glück«, rief Aljoscha plötzlich gedämpft. Sofort duckten wir uns alle tief in die Hecke.

»Ist das wieder eine Bäckerstochter aus deinem Bekanntenkreis oder ist diesmal alles paletti?«

Keiner von uns kannte das Mädchen, wir standen stumm und lauernd da, links und rechts vom Weg, im dichten Gebüsch. Ich hielt nervös die Luft an, grelle Funken tanzten vor meinen Augen, mein ganzer Körper fühlte sich plötzlich schwer und starr an.

»Warte mal einen Augenblick, Süße«, sagte Aljoscha, als das Mädchen uns erreicht hatte, und wir traten zu viert aus dem Gebüsch.

Eine Weile später rannte das Mädchen davon und wir schlenderten ebenfalls gemächlich in die Schule. Mir war ein bisschen übel, ich musste plötzlich wieder an meinen letzten Feuertraum denken, an Charly, der mich angebellt hatte.

Aber bis wir die Schule erreichten, ging es wieder.

Die Sache hatte dann noch ein kleines, unangenehmes Nachspiel. Mitten in die zweite Stunde hinein platzte die Klassenlehrerin der fünften Klasse, zusammen mit dem Mädchen vom Trampelpfad. Mir wurde so schlecht, dass ich dachte, ich müsse mich auf der Stelle übergeben, und als sich das Mädchen umschaute, entdeckte sie uns auch sofort. Ich erstarrte vor Entsetzen, aber Raphael klopfte mir warnend ans Bein.

»Ganz locker, Sammy«, zischte er warnend und ich schaute ihn verzweifelt an, während sich um mich herum alles zu drehen schien. Ich schaute in Raphaels Gesicht und Raphael blickte so eisig, so drohend und warnend nach vorne, dass ich beruhigt aufatmete. Es war alles in Ordnung, nichts würde passieren, das Mädchen würde kapieren, was ihr blühte, wenn sie sich mit Raphael, Aljoscha, Christian ... und mir auf eine Auseinandersetzung einließe.
Da schüttelte sie auch schon den Kopf, warum weinte sie überhaupt noch, es war doch gar nichts Schlimmes passiert? Und dann verließ sie unseren Klassenraum, Schutz suchend zwischen ihrer Lehrerin und Frau Calmano, unserer nervösen Direktorin.

Zu Hause begegnete ich Konrad, schnell versuchte ich, an ihm vorbei in mein Zimmer zu kommen. Ich fühlte mich elend und ausgelaugt und sehnte mich danach, alleine zu sein, meine Ruhe zu haben.
»Samuel«, sagte Konrad ärgerlicherweise.
»Was ist?«, murmelte ich.
»Ich wäre dir dankbar, wenn du nicht dauernd mit Anuschka streiten würdest, okay?«
Ich zuckte mit den Achseln, weil ich keine Lust hatte, mit Konrad zu reden.
»Für Anuschka und Sophia ist diese Situation auch nicht leicht«, sagte Konrad.
»Jaja«, murmelte ich.
»Also, keinen Zoff mehr, klar?«

»Zu Befehl, Herr Frauenarzt.«

Gereizt ging ich hinauf in mein Zimmer. Etwas später, als ich Konrads Wagen fortfahren hörte, ging ich wieder nach unten. Ich machte mir eine Kleinigkeit zu essen und legte mich auf den Wohnzimmerteppich, während ich mein Thunfischsandwich aß. Einmal klingelte das Telefon und meine Mutter rief aus der Klinik an, um sich zu erkundigen, ob jemand zu Hause sei. Ich ließ sie auf den Anrufbeantworter reden und hörte ihr kaum zu. Meine Gedanken wanderten ziellos und nervös hin und her. Anuschka kam vorbei, aber sie ging auch nicht ans Telefon, um sich mit meiner Mutter zu unterhalten, stattdessen verschwand sie im Badezimmer und gleich darauf hörte ich die Dusche rauschen.

Schnell stand ich auf und schlich zur Badezimmertür. Wir haben keine Badezimmerschlüssel, hatten wir nie mehr gehabt, seit ich mich als kleines Kind einmal versehentlich im Bad eingeschlossen hatte. Bis mein Opa die Tür aufgebrochen hatte, war ich komplett aus dem Häuschen gewesen.

Sehr leise und vorsichtig drückte ich die Türklinke nach unten und schlich mich hinein. Heiße, feuchte Luft schlug mir entgegen. Benommen blieb ich einen Augenblick stehen, dann ging ich vorsichtig, Schritt für Schritt, weiter. Der neue Duschvorhang ist undurchsichtig, also stieg ich leise und vorsichtig auf den Badewannenrand und spähte von dort vorsichtig über das Duschgestänge. Ich hatte mir einen hervorragenden Späherposten ausgewählt, Anuschka stand mit geschlossenen Augen unter dem warmen Wasser, das Gesicht nach oben gewandt, und wusch sich den Bauch und den Busen und die Beine.

Ich reckte mich ein bisschen höher, kam dabei leider ins Rutschen, hielt mich erschrocken am Duschvorhang fest und riss beim Runterrutschen den ganzen neuen Vorhang mit.

Und so standen Anuschka und ich uns plötzlich gegenüber.

»Miststück«, sagte Anuschka.

»Selber«, sagte ich sauer.

»Was bildest du dir eigentlich ein?«, fragte Anuschka weiter, blieb aber unbewegt und nackt und nass vor mir stehen.

Ich schwieg.

»Du siehst aus wie ein schleimscheißiger Vierzehnjähriger, der im Kirchenchor die erste Stimme singt«, sagte Anuschka. »Aber in Wirklichkeit bist du ein perverses kleines Monster, habe ich recht?«

»Warum ziehst du dir nichts an?«, fragte ich unruhig und verlegen.

»Du wolltest mich doch so gerne nackt sehen«, antwortete Anuschka achselzuckend.

Ich machte einen Schritt rückwärts und wollte hinaus, hinaus und hinauf in mein Zimmer.

»Du schuldest mir jetzt was«, sagte Anuschka und schlüpfte sehr langsam in ihren Bademantel.

»Was schulde ich dir?«, erkundigte ich mich misstrauisch.

»Sagen wir zwanzig Euro«, überlegte Anuschka und trocknete sich mit ihrer Bademantelkapuze die Ohren ab.
»Wofür?«, fragte ich.
»Du hast mich schließlich nackt gesehen«, sagte Anuschka kühl.
Plötzlich musste ich einfach grinsen.
»Und wenn du willst, dass ich dich mal küsse, kostet das wieder etwas. Und wenn du irgendwann noch mehr, sagen wir, ausprobieren willst, musst du noch mehr bezahlen . . .«
Ich starrte Anuschka fassungslos an, was war das nur für ein rätselhaftes Mädchen?
Ich fragte sie schließlich, wie alt sie überhaupt genau sei, und sie antwortete mir, sie sei fünfzehn. Dann fragte sie mich nach meinem Alter und ich antwortete ihr, dass ich ebenfalls fünfzehn sei.
Wir schauten uns an und ich dachte einen Augenblick darüber nach, wie anders bis vor Kurzem noch alles gewesen war. Wie anders ich vor allem gewesen war. Und ich begriff selber nicht, warum ich mich so verändert hatte, warum ich so verrückt geworden war. Angestrengt kämpfte ich gegen den Impuls an, Leanders Telefonnummer zu wählen und ihn zu bitten, wieder mein Freund zu sein.

Als ich am Abend meine Mutter kommen hörte, ging ich nach unten.
»Hallo, Sammy«, sagte meine Mutter mit müder Stimme und schlüpfte aus ihrem Mantel.
»Hallo, Mama«, sagte ich leise und blieb auf der unters-

ten Treppenstufe stehen. Wir schauten uns im dämmrigen Flur nachdenklich an.

»Geht es dir nicht gut?«, fragte meine Mutter schließlich und legte für einen kurzen Moment ihre kühle Hand an meine Wange. Mir wurde fast schwindelig vor Sehnsucht nach früher. Nach dem alten Haus, nach meinen Großeltern, nach meiner Kindheit und nach meiner Mutter.

»Also, was ist los?«, fragte meine Mutter und zog ihre Hand zurück. »Ich muss Abendbrot machen, Konrad kommt in einer halben Stunde.«

Konrad, immer Konrad!

»Du hast nie mehr Zeit für mich«, sagte ich leise.

»Das wird sich alles einrenken, Sammy«, sagte meine Mutter und deckte eilig den Tisch.

»Ich kann Konrad nicht leiden.«

»Du willst ihn nicht mögen.«

Ich schüttelte den Kopf. »Das ist es nicht«, sagte ich und versuchte, ruhig und sachlich zu bleiben.

»Was ist es dann?«, fragte meine Mutter und plünderte den Kühlschrank.

»Ich fühle mich überflüssig«, sagte ich leise.

»Unsinn«, erwiderte meine Mutter.

»Kein Unsinn«, sagte ich.

»Du bist nicht überflüssig, Sammy«, sagte meine Mutter und schnitt Brot auf.

»Ich *fühle* mich aber überflüssig«, fauchte ich. »Ob ich hier bin oder nicht, das merkt ihr doch gar nicht.«

Meine Mutter schwieg einen Augenblick. »Sammy, es wird alles wieder in Ordnung kommen«, sagte sie dann.

»Wenn wir uns erst hier eingelebt haben und unsere Geldsorgen ein bisschen in den Griff gekriegt haben . . .«
»Dann?«, fragte ich lauernd.
Meine Mutter machte eine vage Bewegung mit der Hand und sortierte die Brotscheiben in einen Brotkorb. Alles für Konrad! Früher hatten wir unser Brot einfach auf den Tisch gelegt, aber Konrad gab viel auf Tischmanieren, also gab es jetzt bei uns einen Brotkorb und Stoffservietten und Serviettenringe und sogar einen winzigen Tischabfalleimer.
»Anuschka kann ich auch nicht leiden«, murmelte ich und fegte meine Serviette vom Tisch. »Und diese Sophia ist ein Monster!«
»Sammy!«, sagte meine Mutter gereizt.
Und dann kam Konrad. Mir wurde noch trostloser zumute.
Meine Mutter und Konrad küssten sich.
»Hallo, Sammy«, sagte Konrad anschließend.
Ich schwieg.
Als Konrad im Badezimmer verschwand, um zu duschen, machte ich einen letzten Versuch.
»Mama, manchmal glaube ich, ich werde verrückt«, sagte ich mühsam.
»Ach, Sammy«, sagte meine Mutter.
»Ich fühle mich immer so eigenartig«, erklärte ich stockend. »Ich mache Sachen, die ich früher nie gemacht habe, und ich fühle mich dabei immer nicht ganz wach, nicht ganz wirklich.«
»Ach, Sammy«, sagte meine Mutter wieder und ich war

mir sicher, sie hörte mir gar nicht richtig zu. Sie dachte an Konrad, an das neue Haus, aber nicht an mich.

Wütend stürzte ich davon. Mir war so schlecht, als hätte ich etwas grenzenlos Verdorbenes gegessen.

Karlotta erzählt . . .

Von Sammy und Leander

Ich habe Leander und Sammy ja praktisch nie als Freunde erlebt. Bis auf die wenigen Tage im vorigen Sommer, die wir alle gemeinsam verbracht haben. Ich meine Leander, Sammy und ich, zusammen mit meinen kleinen Brüdern. Das war schon lustig und hat mir Spaß gemacht, allerdings hat es mich schon ein bisschen gestört, wie Sammy mich dabei immer mit den Augen verfolgt hat. Und als Leander und ich uns das erste Mal küssten, am Stadtparkteich unter der alten Trauerweide, da hat Sammy uns mit bitterbösem Blick vom kleinen Steinmäuerchen aus beobachtet, ich habe es genau gesehen. Dann stürzte er wild davon und Leander und ich waren endlich, endlich mal alleine, bis auf Max und Svante natürlich.

Aber als Sammy nicht mehr mit ihm sprach, war Leander schon sehr niedergeschlagen. Er hatte auch ein schlechtes Gewissen, weil Sammy auch in mich verknallt war. Aber ich habe mich eben nicht in ihn verknallt, sondern in Leander. So war das.

Dann passierte, nach den Sommerferien, etwas Schlimmes. Und ich bin sicher, dass Sammy in diese Sache verwickelt war.

Leander und Sammy gehen ja beide in ein Gymnasium in der Altstadt, ich dagegen gehe in die Gesamtschule in der Neustadt. Das klingt so, als wären unsere Schulen furchtbar weit voneinander entfernt, aber in Wirklichkeit trennt die Altstadt und die Neustadt nur der Altstadtmarkt, ein kleiner Platz vor dem Rathaus. Wenn man sich beeilt, braucht man von der einen Schule bis zur anderen nur etwa fünf Minuten. Natürlich ist es nicht erlaubt, in den Pausen oder Freistunden die Schule zu verlassen, aber Leander fing eines Tages trotzdem damit an. Manchmal kam er zu mir auf den Schulhof und manchmal trafen wir uns auf dem Altstadtmarkt oder bei McDonald's.

»Guck mal, da draußen steht Sammy«, sagte ich eines Tages zu Leander, als wir zusammen bei McDonald's saßen und uns ein amerikanisches Frühstück teilten.

Leander schaute stirnrunzelnd aus dem Fenster.

»Ich hatte schon ein paarmal den Eindruck, dass er mich nicht so ganz aus den Augen lässt«, sagte er schließlich nachdenklich. »Dabei spricht er nie ein Wort mit mir, dauernd ist er nur mit Raphael und seinen merkwürdigen Freunden zusammen.«

»Warum läuft er dir dann hinterher?«, fragte ich verwundert und ärgerlich.

Leander zuckte mit den Achseln. »Keine Ahnung, was in Sammy gefahren ist«, sagte er schließlich. »Irgendwie ist er völlig aus dem Häuschen. – Das mit Charly stimmt übrigens, du hattest recht. Ich bin neulich mal mit dem Rad durch die Straße gefahren, in der Sammy früher gewohnt hat, und da habe ich seine Tante Katharina getroffen, die gerade dabei war, Sammys Großeltern nach Frankreich mitzunehmen. Und Katharina hat mir bestätigt, was dir diese kleine Sophia erzählt hat: Charly ist tot und Sammy ist total verändert, er hat kalt wie ein Kühlschrank reagiert.«

Ich nickte.

»Er spinnt eben . . .«, sagte ich abschließend und brachte das leere McDonald's-Tablett weg.

»Ich weiß nicht«, murmelte Leander.

»Wir müssen jetzt jedenfalls zurück«, sagte ich, nachdem ich einen kurzen Blick auf meine Armbanduhr geworfen hatte. »Wir kommen sowieso schon zu spät.«

»Also los«, sagte Leander und dann gingen wir. Als wir uns am Rathausbrunnen voneinander verabschiedeten, sahen wir, dass Sammy nicht allein war. Raphael und seine Freunde waren auch dabei.

Am darauffolgenden Tag herrschte in unserer Schule dann große Aufregung, weil vier unbekannte Jungen auf dem hinteren Parkplatz unserer Schule, der nur wenig benutzt wird, ein paar jüngere Schüler abgefangen und verhauen hatten. Sie hatten sie richtig zusammengeschlagen und ihnen die Jacken und Sportschuhe weggenommen.

»Das waren ganz sicher Sammy und seine schrecklichen neuen Freunde«, erklärte ich Leander immer wieder und fühlte mich dabei ganz elend vor Entsetzen, aber Leander glaubte das natürlich nicht.

»So ein Unsinn«, sagte er wütend. »Du siehst wirklich Gespenster. Warum sollte Sammy so etwas tun, er ist doch kein Monster?«

»Aber wir haben sie doch auf dem Altstadtmarkt gesehen«, sagte ich stur. »Und du hast selbst gesagt, dass Raphael ein übler Typ ist und seine merkwürdigen Freunde genauso!«

»Ja, aber doch nicht *Sammy!*«, rief Leander.

»Jedenfalls waren sie um zehn Uhr auf dem Altstadtmarkt und der führt direkt zu diesem kleinen Parkplatz hinter unserer Schule, es ist von da der kürzeste Weg. Und kurz nach zehn wurden die Kinder genau dort überfallen. Es muss passiert sein, gleich nachdem ich wieder zurück in der Schule war. Und ich hatte sowieso die ganze Zeit das Gefühl, als würde mich jemand verfolgen.«

»Unsinn«, sagte Leander stur. »Das war *ganz sicher* nicht Sammy, du kennst ihn schließlich nicht so gut wie ich.«

Und dabei blieb es. Damals erzählte mir Leander auch mit keiner Silbe davon, dass es in seiner Schule zwei Tage zuvor einen ähnlichen Vorfall gegeben hatte.

Sammy erzählt . . .

Von der Krähe und von den Geschwistern Borowikowski

Zu Hause änderte sich in der nächsten Zeit eine Menge.
Meine Mutter hörte auf zu arbeiten, damit fing es an.
»Du brauchst nicht arbeiten, wenn du nicht willst«, sagte Konrad eines Tages beim Abendbrot, als wir alle, auch Anuschka und Sophia, zusammen am Tisch saßen.
Dafür, dass wir eine funkelnagelneu zusammengewürfelte Familie waren und Konrad unseretwegen seine erste Familie verlassen und meine Mutter seinetwegen unsere gemütliche Zweisamkeit in unserer gemütlichen kleinen Dachwohnung aufgegeben hatte, war die Stimmung in diesem neuen Haus meist ziemlich angespannt, nervös und explosiv.
Anuschka und Sophia redeten so wenig wie möglich mit meiner Mutter, Sophia war obendrein auch noch weinerlich und mäkelig und hatte an allem, was in diesem neuen Haus geschah, etwas auszusetzen.
Anuschka verkroch sich meistens in ihrem kleinen Zimmer. Sie hatte nur wenige Freunde und war viel alleine.

Und obwohl wir uns nicht besonders mochten, war da etwas zwischen uns. Wir schwiegen uns an, aber trotzdem beobachteten wir uns und in meinen nervösen Träumen, Träumen von Feuer oder Träumen von Sex, kam Anuschka immer wieder mal vor. War es Inzest, wenn ich an sie dachte, während ich mich selbst befriedigte? Schließlich war sie jetzt so etwas wie meine Stiefschwester. Ich fühlte mich hundeelend. Mit was für Gedanken quälte ich mich bloß herum? Ich nahm es Anuschka übel, dass sie mich anmachte, dass sie sich vor mir aus- und umzog. Ich ignorierte sie, so gut es ging, genauso, wie ich Sophia ignorierte, dieses laute, maulige, quengelnde Kind.
Zum Teufel, wie elend und einsam ich mich fühlte.
Die zweite Veränderung war, dass meine Oma in Frankreich starb. Sie wachte eines Morgens einfach nicht mehr auf.
Ich war seltsam ungerührt, als meine Mutter es mir weinend erzählte. Letztendlich war ich so ungerührt, dass es mir selbst unheimlich wurde, und ich ging schließlich aus dem Haus und durch die Straßen und dann fuhr ich mit dem Bus hinaus in den Wald. Ich ging tief in den Wald hinein, auf den Wegen, die ich früher mit Leander gegangen war. Schließlich fühlte ich mich so elend, dass ich fast das Gefühl hatte, gleich wieder weinen zu können, gleich würde ich wieder auftauen, sozusagen, und dann wäre ich vielleicht wieder der Alte. Ich blieb stehen und war schon am Steinschlag. Erschöpft stand ich da und wartete ab.

»Oma«, murmelte ich ein paarmal, um mich zu testen.
»Oma. Oma. Liebe Oma.«
Eine Krähe flog heran und krächzte heiser.
Meine arme Oma, die ich in der letzten Zeit völlig vergessen hatte. Meine pulloverstrickende Oma mit den vernarbten Handflächen, meine liebe alte Oma.
Die Krähe starrte mich an, als habe sie vor mich zu hypnotisieren.
»Verschwinde«, murmelte ich, weil ich plötzlich an mein schmutziges, schmieriges Fenster im neuen Haus denken musste.
Die Krähe schaute mich unverwandt an und kam dann wackelig und ernst langsam näher.
»Oma«, sagte ich probeweise noch einmal, weil sich dieses freundliche Gefühl in mir schon wieder verflüchtigte. Aber ich konnte nicht mehr an meine Oma denken. Stattdessen musste ich an Raphaels Filme denken, an die ich mich gewöhnt hatte, wie andere sich an die täglichen Zigaretten gewöhnen. Man tut es, ohne es zu wollen, und man weiß, dass es eigentlich schädlich ist, aber plötzlich ist das egal, einfach so.
Ich dachte also an Raphaels Filme, dann an das Mädchen auf dem Trampelpfad und schließlich an die verschreckten Kinder, die wir auf dem Parkplatz hinter Karlottas Schule überfallen hatten. Wie ängstlich und verschüchtert und verdreckt sie gewesen waren, als wir mit ihnen fertig waren.
Mir wurde schwindelig von dem Hochgefühl, das mich plötzlich ergriff. Ich hatte Macht, Macht über die Gefühle

und die Körper von anderen, von Kleineren, von Ausgelieferten. Ich schauderte ein bisschen und fast fühlte es sich so an, als fürchtete ich mich vor mir selbst. Ein kleines Grauen überlief mich. Ich zitterte, während mir neue Ideen und Gedanken durch den Kopf gingen, wie ich mein Machtgefühl noch besser, noch stärker, noch erregender würde spüren können.

Die Krähe schaute mich immer noch an.

Da trat ich blitzschnell zu und die Krähe starb, wie Charly, ohne einen Laut.

In der Schule beschäftigten wir uns in der folgenden Woche mit Franz. Meine Mutter war mit Konrad nach Frankreich gefahren, widerwillig, denn anders als widerwillig konnte sie nun einmal nicht auf Besuch zu Katharina fahren.

Ich war zu Hause geblieben.

»Es wäre richtiger, du kämst mit«, sagte meine Mutter, allerdings ohne viel Überredungswillen.

»Deinem Großvater würdest du sicher eine Freude machen, wenn du kommst«, sagte sogar Konrad.

»Mein Opa wird sich bestimmt nicht *freuen*«, knurrte ich missmutig. »Katharina hat gesagt, seit Omas . . . Tod spricht er kaum noch ein Wort, er sitzt bloß noch im Garten und lässt sich nass regnen.«

»Katharina übertreibt, wie üblich«, sagte meine Mutter sofort. »Opa wird sich schon wieder erholen.«

»Also, du bleibst tatsächlich hier?«, fragte Konrad.

»Ja«, sagte ich und machte mich auf den Weg in mein

Zimmer. »Mir stinkt dieses ganze Beerdigungstheater, tot ist tot . . . Da kann man nichts mehr machen.«
»Er ist schlecht drauf, findest du nicht?«, hörte ich Konrad meine Mutter fragen, als ich schon fast in meinem Zimmer war.
»Das wird schon wieder«, kam es von meiner Mutter.
»Also, ich weiß nicht«, sagte Konrad nachdenklich.
»Er ist halt in der Pubertät«, überlegte meine Mutter.
»War er früher auch schon so?«, fragte Konrad vorsichtig.
»Arschloch«, murmelte ich böse. Was ging es Konrad an, wie ich früher einmal war?
»Er hat seine guten Tage und seine schlechten Tage«, sagte meine Mutter zerstreut. »Lass uns die Koffer packen, mir graut vor dieser Reise.«
Ich hockte mich schlecht gelaunt auf den Treppenabsatz und lauschte in die Diele hinunter. Ob Konrad heute von meinen Videofilmen erzählen würde? Zuzutrauen wäre es ihm. Eigentlich merkwürdig, dass er nicht längst damit rausgerückt war. Wo er die Filme wohl gelassen hatte? Hatte er sie aufbewahrt oder angewidert weggeworfen? Ich legte meinen Kopf auf meine Knie und fühlte mich schlecht.
»Mir ist schon wieder übel«, klagte meine Mutter gerade. »Ich habe eigentlich gar keine Lust, Katharina zu treffen«, murmelte sie schließlich düster und ich war mir sicher, dass sie jetzt schon wieder an das Feuer im Garten dachte, an Katharina mit der Spiritusflasche in den Händen.
»Sammy hätte so dringend einen Vater gebraucht, all die Jahre . . .«, kam es dann auch prompt.
Da gab ich meinen Lauschposten am Treppengeländer

gereizt auf, knallte meine Zimmertür zu und am folgenden Tag fuhren meine Mutter und Konrad nach Frankreich zur Beerdigung meiner Großmutter. *Auf Wiedersehen, Oma.*
Ich war sehr niedergeschlagen.
Und dann nahmen wir uns Franz vor.

Als ich am Montagmorgen aufwachte, heulte ein orkanartiger Sturm ums Haus und klatschte den Regen, den ich mir schon nicht mehr wegdenken konnte, in wütenden Herbstböen gegen mein schräges Fenster. Ganz allmählich drang er durch die getrocknete, steinharte Krähenscheiße und regnete schmierige, halb durchsichtige Krater hinein.
»Mistwetter, Mistsommer, Mistleben«, murmelte ich. Dann stand ich auf, machte mich fertig, frühstückte im Bett einen Stapel Nutellabrote, schaute einen brutalen Horrorfilm, den Raphael mir empfohlen hatte, zu Ende und ging anschließend zur Schule.
Auf dem Weg dorthin begegnete mir Knut.
»Hallo, Sammy«, sagte er und lächelte. Er hatte schon wieder seine Klarinette dabei.
Ich grunzte abweisend.
»Sag mal«, fing er dann an, »warum triffst du dich eigentlich gar nicht mehr mit Leander, ihr wart doch früher gute Freunde?«
»Früher ist lange her«, sagte ich böse und dann galoppierte ich durch den Regen davon.
»Jedenfalls solltest du dich nicht unbedingt ausgerech-

net mit Raphael Zobel abgeben«, rief mir Knut hinterher. »Das ist nämlich ein ganz mieser Typ. Sag also später mal nicht, es hätte dich keiner vor ihm gewarnt!«

Wir schnappten uns Franz in der ersten großen Pause, auf dem überfüllten Schulhof. Raphael ging ein paarmal um Franz herum, dann rempelte er ihn plötzlich an und Franz zuckte voller Panik zusammen.
»Hallo, Russe«, sagte Raphael freundlich und quetschte Franz' Gesicht mit Daumen und Mittelfinger zu einer Grimasse zusammen.
»Lass mir in Ruhe«, murmelte Franz durch seine zusammengedrückten Lippen.
»Was?«, fragte Raphael. »Kannst du das noch mal wiederholen, ich verstehe dich so schlecht . . .«
Franz zappelte wie ein Fisch an der Angel und Raphael lachte leise.
»He!«, rief eine Pausenaufsicht von Weitem. Raphael blickte sich kurz um. »Alles in Ordnung«, rief er und lächelte. »Wir diskutieren hier bloß ein kleines Problem!«
Aber die Pausenaufsicht hatte gar nicht uns gemeint und schaute längst in eine andere Richtung.
»Umso besser«, murmelte Raphael und hielt Franz' Gesicht weiterhin fest. Aber Franz hatte schon zu zappeln aufgehört. Er stand einfach bloß da, klein und ängstlich und mit hängenden Armen.
»Wie heißt du eigentlich, Russe, ich kann mir deinen verflixten Russennamen einfach nicht merken«, fragte Raphael und beutelte Franz ein bisschen hin und her, dabei

hielt er weiter bloß Franz' Gesicht fest, mit zwei Fingern. Franz'. Gesicht wurde fleckig.

»Lass mir . . .«, stotterte Franz wieder.

»Lass *mich*«, verbesserte Raphael streng.

»Lass mich«, sagte Franz und seine Stirn war schweißbedeckt.

»Du stinkst nach Schweiß, Russe«, sagte Raphael schnuppernd. »Nicht sehr appetitlich. – Also, wie ist dein Name?«

»Franz«, sagte Franz kläglich.

»Franz . . . Und wie weiter?«

Franz' Gesicht war inzwischen vor Schweiß und Tränen so nass, dass Raphaels Hand abglitt. Also ließ er los und packte Franz mit hartem Griff zwischen den Beinen.

Franz heulte auf.

»Wie heißt du weiter?«, fragte Raphael wieder. Aljoscha, Christian und ich standen wie eine Mauer um die beiden herum, trotzdem war ich nervös und schaute mich immer wieder nach allen Seiten um. Hoffentlich sah uns keiner.

»Borowikowski«, sagte Franz atemlos. »Franz Borowikowski, lass mir, mich, bitte los jetzt . . .«

»So ein komischer Name«, sagte Raphael kopfschüttelnd und ließ nicht los. »Bist du sicher, dass ihr wirklich deutscher Abstammung seid? – Mein Vater ist Amtsrichter in dieser Stadt, vielleicht sollte ich das, der Sicherheit halber, mal überprüfen lassen.«

»Wir sind . . .«, fing Franz mutig an, aber da wurde unsere Mauer leider durchbrochen.

»Was ist denn hier los?«, fragte plötzlich ein junger Lehrer, den ich noch nie gesehen hatte, nicht eben freundlich.

Ich zuckte zusammen.

»Eine kleine Streitigkeit«, sagte Aljoscha achselzuckend. »Weiter nichts.«

»Lass den Jungen los«, sagte der fremde Lehrer und legte seine Hand auf Raphaels Arm.

»Natürlich«, sagte Raphael und ließ Franz' Hose los.

»Also, was war los?«, fragte der Lehrer und schaute Franz an.

Franz rang immer noch nach Luft. Jetzt war sein Gesicht nicht mehr rot, sondern leichenblass.

»Ich . . . ich . . . ich«, stammelte Franz.

»Er schuldet mir Geld«, erklärte Raphael lächelnd. »Nicht besonders viel, bloß fünfzig Euro, und die sollte er mir heute zurückgeben, aber er hat es vergessen. Da bin ich ein bisschen sauer geworden, Schwamm drüber, zahlt er es eben morgen . . .«

Ich glaube, Franz hatte gar nicht alles verstanden, aber der Lehrer war zufrieden und ging davon.

»Also«, sagte Raphael und packte Franz erneut fest zwischen den Beinen.

Franz heulte erneut auf, er zitterte am ganzen Körper. Ich schaute mich um, der Lehrer war zum Glück im Augenblick nirgends zu sehen.

». . . dann gibst du mir die fünfzig Euro eben morgen, ist ja kein Beinbruch. Fünfzig Euro in der ersten großen Pause. Und wasch dich bitte, Franz B., nicht dass du wieder so stinkst wie heute.«

»Fünfzig Euro, ich dir geben?«, stammelte Franz verwirrt.

»Ja«, sagte Raphael nur.

»Nein«, sagte Franz.

»Aber sicher«, sagte Raphael. Dann klingelte es und wir gingen alle zurück in die Klasse. Nur Franz übergab sich erst noch in einen der herumstehenden Mülleimer, dann kam er nach.

»Was ist los mit dir, Franz?«, fragte Frau Klinka, als Franz in die Klasse gewankt kam. Raphael knuffte mich grinsend in die Seite und ich grinste zurück, dabei klopfte mein Herz, dass es mir in den Ohren hallte.

»Mir sein leider übel«, sagte Franz und blieb neben der Tür stehen.

»Du siehst auch gar nicht gut aus«, sagte Frau Klinka besorgt.

»Sieht der doch nie«, rief Britta und kicherte.

»Britta, halt den Mund«, sagte Frau Klinka streng.

Franz schaute auf den Boden.

»Willst du nach Hause gehen, Franz?«, fragte Frau Klinka freundlich.

Franz nickte erleichtert.

»Gut, dann melde dich im Sekretariat ab und leg dich zu Hause ins Bett.«

Wortlos drehte Franz sich um und stolperte aus der Klasse.

Am nächsten Morgen fingen Raphael und ich Franz in der ersten großen Pause gleich vor dem Klassenraum ab.

»Du stinkst ja schon wieder«, sagte Raphael streng und zog an Franz' Ohr.

»Au . . .«, wimmerte Franz.

»Na, Franz, geht es dir wieder besser?«, fragte Frau Klin-

ka, die nichts mitbekommen hatte, und schloss das Klassenzimmer ab. Raphael und ich standen links und rechts neben Franz wie zwei Wachmänner.
Franz schwieg und da ging Frau Klinka eilig weiter, Richtung Lehrerzimmer.
»Also los«, kommandierte Raphael und wir marschierten zu dritt in den Hof hinunter. Raphael hatte recht, Franz roch schlecht. Er roch nach Schweiß, nach Angstschweiß.
Unten warteten Aljoscha und Christian.
»Okay, Russe, dann gib mir mal meine Mäuse«, sagte Raphael und streckte seine Hand aus.
»Mäuse?«, stotterte Franz.
»Die Kohle, Mann. Das G-e-l-d, die fünfzig Euro.«
Franz zog die Schultern hoch.
»Ich habe keine Geld«, sagte er leise.
»Ich hab mich wohl verhört«, sagte Raphael sanft.
»Wofür du willst haben Geld von mich, von mir?«, fragte Franz.
Die Sache begann langweilig zu werden.
»Franz B.«, mischte sich jetzt Aljoscha in die Sache ein. »Du schuldest meinem Kumpel Raphael Zobel fünfzig Mäuse und die will er gerne wiederhaben, klar?«
Franz schwieg.
»Und du wirst sie ihm zurückgeben. Heute wäre die Geldübergabe fällig gewesen, anscheinend hast du das vergessen, Russe. Also wirst du morgen zahlen, ist doch klar wie Kloßbrühe.«
Er grinste. »Aber sieh mal, Franz B...«, fuhr er dann fort und spuckte ganz nebenbei in Franz' Ohr hinein. »Du weißt

ja, wie das ist, wenn man sich Geld leiht. Da fallen Zinsen an und Zinseszinsen und natürlich eine Menge Mahngebühren für Leute, die so vergesslich sind wie du. – Also, alles in allem schuldest du Raphael jetzt schon ganze hundert Euro.«

Er lächelte und sagte dann: »Dreh bitte deinen Kopf ein Stück nach rechts, ich möchte dir auch in dein anderes Russenohr spucken.«

Und weil Franz sich nicht zur Seite drehte, sondern fassungslos und mit offenem Mund stehen blieb, drehten Christian und ich ihn zur Seite und Aljoscha spuckte ihm auch noch ins andere Ohr.

Die Spucke lief über Franz' Backen und tropfte auf seine Schultern. So ließen wir ihn stehen.

Den Rest des Vormittags saß Franz stumm und blass auf seinem Platz. Ich sah, wie Leander und Knut ein paarmal zu ihm rübersahen und wie Knut nach der letzten Stunde zu ihm hinging und leise auf ihn einredete. Aber Franz sagte kein Wort, er hielt seinen Mund und machte bloß ein Gesicht wie ein ganz kleines Kind, so ein Gesicht, als würde er gleich in Tränen ausbrechen.

Am anderen Morgen unterhielten wir uns wieder mit Franz, diesmal nicht in der großen Pause, sondern gleich in der Früh, auf dem Parkplatz vor der Schule.

Meine Mutter und Konrad waren immer noch in Frankreich, sie hatten gestern Mittag angerufen und mir ihre Telefonnummer im Hotel mitgeteilt.

»Bei Katharina im Haus war es nicht auszuhalten«, sagte

meine Mutter gereizt. »Ich kann sie nun mal nicht ertragen.«

Ich hörte gar nicht weiter zu, gelangweilt legte ich den Hörer neben das Telefon. Als ich abends noch mal nach unten ging, sah ich, dass der Hörer immer noch neben dem Apparat lag, ich hatte ihn mittags komplett vergessen.

»Auch egal«, murmelte ich und legte den Hörer achselzuckend auf.

Franz war sehr blass und Schweißperlen rannen ihm übers Gesicht. Dabei war es wirklich kalt an diesem Morgen.

»Guten Morgen, Franz B.«, sagte Aljoscha. »Na, hast du gut geschlafen?«

»Ich habe keine Geld«, sagte Franz sofort und wie aus der Pistole geschossen.

»Aber warum denn nicht, um Himmels willen?«, fragte Aljoscha bestürzt.

»Ich *haben* kein eigenen Geld.«

Raphael zog Franz an der Nase. »Zwei Fehler«, sagte er streng. »Zwei Fehler in einem so kleinen Satz, das ist gar nicht gut, Russe!«

Franz zitterte, als habe er Schüttelfrost.

»*Ich habe kein eigenes Geld,* heißt das«, sagte Raphael.

»Ich – habe – kein – eigenes – Geld«, wiederholte Franz erschöpft.

Christian, der sich bis jetzt um sein Tamagotchi gekümmert hatte, steckte es jetzt in seine Tasche zurück und sagte dabei stirnrunzelnd: »Vielleicht hat er ja doch Geld und will es nur nicht rausrücken . . .«

»Kein schlechter Gedanke«, lobte Raphael. »Was meinst du, Sammy, könnte es sein, dass der Russe seine Moneten nur nicht rausrücken will?«

Ich schluckte und dann nickte ich.

»Was kann man denn da machen?«, überlegte Raphael.

»Am besten schauen wir mal nach«, sagte Aljoscha.

»Eine gute Idee«, sagte Christian.

»Auf dem Schulklo«, sagte ich.

Und dann zogen wir los. Es hatte bereits geklingelt, die Gänge waren leer.

»Marsch, in eure Klasse, aber ein bisschen dalli«, rief uns Frau Messerschmidt, unsere Religionslehrerin, vom anderen Ende des Ganges zu. Dazu winkte sie. Raphael winkte freundlich zurück. Dann waren wir bei den Toiletten.

»Lasst mir doch bitte, bitte in Ruhe«, stöhnte Franz.

Aber Raphael schob ihn bloß durch die Tür und sagte knapp: »Ausziehen, Franz B., Leibesvisitation.«

»Nein«, stammelte Franz kläglich.

»Doch – und heute wird uns keiner dabei stören«, sagte Aljoscha und zog Franz die Jacke aus. »Und jetzt machst du bitte alleine weiter«, kommandierte er. »Ich möchte mir nicht die Hände schmutzig machen.«

Zitternd und wie in Zeitlupe zog Franz sich vor uns aus. Schließlich stand er in Unterwäsche da.

»Den Rest auch«, sagte Christian freundlich wie ein Arzt.

»Nein«, rief Franz verzweifelt.

»Doch!«, sagte ich zu meiner eigenen Überraschung.
Und Franz zog sich aus. Dabei zitterte er so, dass ich für einen Moment dachte, er würde das Gleichgewicht verlieren und hinfallen, aber er blieb schwankend stehen.
»Und jetzt nimmst du deine stinkende Unterhose in den Mund und kaust sie«, befahl Aljoscha und lächelte. »Dabei kannst du dich dann schon wieder anziehen. Geld hast du ja tatsächlich keins dabei und wir wollen doch nicht, dass du dich erkältest.«
Franz tat alles so, wie wir es ihm befahlen. Er zog sich an, während er an seiner Unterhose herumwürgte und dann stand er einfach da, bleich im Gesicht wie die Wand hinter ihm.
»Jetzt spuck die Hose aus, das ist ja unappetitlich. Wie sieht das denn aus mit einer Unterhose im Mund?«, fragte Raphael streng. »Spuck das Ding bitte in die Toilette.«
Wir schauten zu.
»Und morgen bringst du 150 Euro mit und gibst sie uns in der Früh auf dem Parkplatz. Ansonsten wirst du deine Unterhose leider komplett aufessen müssen.« Raphael kniff Franz in die blasse Wange. »Bis morgen also, Russe.«
Wir gingen zufrieden durch den Gang, trennten uns an der breiten Treppe und Raphael und ich schlenderten grinsend in unsere Klasse.
Franz kam an diesem Vormittag nicht in die Schule.
Ich ging mittags alleine nach Hause und musste mal wieder die ganze Zeit an Leander denken. Nach Schulschluss hatte ich in der Ferne Leander und Knut erkannt, die nebenei-

nanderher Richtung Stadt liefen. Ich war stehen geblieben und hatte ihnen hinterhergeschaut, bis der Herbstregen mich komplett nass geregnet hatte. Die ganze Zeit hatte ich mir vorgestellt, wie es wäre, Leander und Knut jetzt einfach hinterherzulaufen, sie anzulächeln und sie zu bitten, mich mitzunehmen, meine Freunde zu sein. Aber ich tat es nicht. Ich stand wie angewurzelt da, ich hatte nicht die Kraft, die Energie, die Zeit zurückzudrehen. Und außerdem wollte ich, wenn ich ehrlich war, auch nicht mehr zurück.

Also ging ich schließlich benommen nach Hause und verbrachte den Tag alleine im leeren Haus. Anuschka ließ sich zum Glück auch nicht blicken, also hatte ich das Haus für mich. Ich legte mich im Wohnzimmer auf den Teppich, schaute Pornos und Horrorstreifen, futterte Chips, trank drei von Konrads Bierflaschen leer und malte mir zwischendurch aus, was wir Franz morgen antun würden, wenn er wieder kein Geld dabeihatte.

Aber am nächsten Morgen kam Franz auch nicht.
»Weiß jemand, was mit Franz los ist?«, fragte Frau Klinka.
»Ich habe ihn gesehen«, sagte Raphael plötzlich. »Er hockte mit ein paar Kumpels auf dem Altstadtmarkt herum und sie haben den Mädchen, die vorbeikamen, schweinisches Zeug zugerufen.«
Frau Klinka schaute ungläubig drein.
»Wirklich, Frau Klinka«, sagte Raphael und sah unsere Klassenlehrerin ruhig an.
»Na, wir wollen mal abwarten, vielleicht kommt er ja noch.«

Aber Franz kam nicht. Die ganze Woche nicht.

»So ein Mistkerl«, sagte Raphael gereizt. »So ein feiger Mistkerl.«

»Es ist ja noch nicht aller Tage Abend«, sagte Aljoscha plötzlich. »Hat Franz B. nicht eine kleine Schwester in der Sechsten?«

Wir schauten uns zufrieden an und mittags, nach der letzten Stunde, warteten Raphael und ich vor der Tür der einen sechsten Klasse. Aljoscha und Christian bewachten die andere Sechste.

»Wir suchen die Schwester von Franz Borowikowski«, erklärte Raphael der Lehrerin, als der Unterricht zu Ende war.

»Worum geht es?«, erkundigte sich die Lehrerin.

»Frau Klinka macht sich Sorgen um Franz Borowikowski aus der 9a, er kommt in der letzten Zeit so unregelmäßig zum Unterricht«, sagte Raphael seelenruhig.

»Elisabeth Borowikowski ist dahinten«, sagte die Lehrerin hilfsbereit und winkte ein dünnes blasses Mädchen zu sich.

»Was ist los?«, fragte Elisabeth, schlüpfte in ihre Jacke und nahm ihren Schulranzen um.

»Es geht um deinen Bruder«, sagte die Lehrerin und schob uns alle aus der Klasse, um die Tür hinter uns abzuschließen.

»Hallo, Elisabeth«, sagte Raphael freundlich und legte seinen Arm um Elisabeths Schulter. Wir umringten das Mädchen und nahmen sie mit hinunter auf den Trampelpfad hinter der Schule.

Zu Hause ließ ich mir die kleinen Münzen, die ich Franz' Schwester abgenommen hatte, durch meine Finger rieseln. Schließlich baute ich aus ihnen einen kleinen, schiefen Turm, einen winzigen Schutzgeld-Turm aus Fünfzigern, Groschen und Eineurostücken, dann stand ich gemächlich auf und ging ins Badezimmer. Ich stellte mich unter die Dusche, drehte das kalte Wasser bis zum Anschlag auf und biss die Zähne zusammen, während das eisige Wasser aus der Dusche schoss und mir über Rücken und Bauch prasselte. Ich fühlte mich stark, stark und mächtig und männlich. Schließlich hatte ich genug, floh ins Warme, rubbelte meinen eisigen Körper trocken, bis er feuerrot war, auf meiner Haut die Stiche wie von tausend Nadeln. Ich betrachtete mich gründlich im Spiegel. Ich winkelte meine Arme an und ließ probeweise meine angespannten Fäuste ein paarmal kreisen. Keine Frage, ich war ein ganzes Stück muskulöser als früher. Summend machte ich mich daran, mich zu rasieren. Widerwillig benutzte ich dabei Konrads Rasierzeug, es wurde höchste Zeit, dass ich mir ein eigenes zulegte. Zu dumm, dass ich noch keinen richtigen Bart bekam. Aljoscha und Christian waren da besser dran, nur bei Raphael und mir war in dieser Beziehung noch nicht viel los. Ich starrte ärgerlich in mein Gesicht. Wie viele Pickel ich schon wieder hatte. Mein Gesicht sah aus wie ein aufgeblühtes Blumenbeet, umgeben von grauem, grobkörnigem Schotter . . .

Die Röte meiner Haut ließ langsam nach, ich wurde wieder blass und unansehnlich. Missmutig schlüpfte ich in meine Sachen. Plötzlich ekelte es mich vor mir selbst.

Dann war die Woche um und meine Mutter und Konrad kamen aus Frankreich zurück.

Ich war immer noch ziemlich benommen von der Sache mit Franz' Schwester und bekam deshalb nur mit halbem Ohr mit, dass meine Mutter feststellte, dass sie schwanger war. Und dann beschlossen Konrad und meine Mutter zu heiraten.

Sammys Mutter erzählt . . .

Ein neuer Anfang

Ja, für mich war das alles ein ganz neuer Anfang. Ich lernte Konrad an dem Tag kennen, als er seine neue Stelle als Oberarzt der gynäkologischen Abteilung antrat. Damals lebte er übrigens schon eine Weile von seiner ersten Frau getrennt, er hat sie also nicht meinetwegen verlassen. Trotzdem geben mir seine beiden Töchter immer noch die Schuld daran, dass ihr Vater nicht mehr bei ihnen lebt.

Das Baby war natürlich auch nicht geplant. Ich hatte nicht mehr im Traum daran gedacht, noch mal schwanger zu werden. Als Sammys Vater starb, war ich sehr jung und sehr verzweifelt und jahrelang wie gelähmt. Ich lebte mit Sammy bei meinen Eltern, arbeitete in meinem Beruf, der sehr anstrengend und kräfteraubend war, und hatte mich in diesem Leben ganz gut eingerichtet.

Sammy und ich waren immer sehr aufeinander bezogen, ich habe ihn wahrscheinlich viel zu sehr für mich beansprucht. Er ist seinem Vater sehr ähnlich, äußerlich und innerlich. Jahrelang habe ich für Sammy alles zurückgestellt, aber als ich Konrad traf, wurde alles ein bisschen anders. Ich liebe meinen zweiten Mann sehr und ich habe mein Leben für ihn völlig auf den Kopf gestellt. Wahrscheinlich ging das für Sammy zu schnell. Hinzu kam, dass Sammy sich damals mit seinem Freund Leander zerstritt. Ich muss mir heute eingestehen, dass ich in dieser Zeit zu wenig Zeit für meinen Sohn hatte. Die Probleme häuften sich – wir waren auf der Suche nach einem Haus, meine Mutter erkrankte, dann der Umzug, gleich darauf der Tod meiner Mutter, der Ärger mit Konrads geschiedener Frau, die Probleme mit Konrads Töchtern, die mich nicht akzeptierten, gleichzeitig aber häufig bei uns im Haus waren, und dann meine problematische Schwangerschaft.

Sammy war damals viel alleine, er saß oben in seinem neuen Zimmer, aber er war so gereizt und unfreundlich, dass ich es, leider, auch sehr schnell aufgab, mich mehr mit ihm zu beschäftigen.

Ja, Sammy veränderte sich. Einmal habe ich sogar bei Leander angerufen, ganz spontan, das war zu der Zeit, als ich des Babys wegen dauernd im Bett liegen musste, und da erzählte mir Leander von seiner Freundin Karlotta. Ob Sammy sich deshalb so zurückgezogen hatte? Ich versuchte, mit ihm darüber zu sprechen, aber Sammy wollte nicht reden.

Dann war da noch diese neue Freundschaft mit Raphael Zobel. Der Junge war mir nicht besonders sympathisch, aber andererseits kannte ich seinen Vater, Amtsrichter

Zobel, von früher aus der gemeinsamen Tanzstundenzeit, deshalb machte ich mir keine Sorgen. Ich wusste ja nicht, wie Raphael Zobel wirklich war. Und seine Freunde. Und natürlich Sammy. Ich wusste gar nichts.

Sammy erzählt . . .

Wie es weiterging

Inzwischen war es richtig Herbst geworden. Die Bäume waren längst kahl in diesem Jahr, der Regen und der Wind hatten die Blätter einen ganzen Monat zu früh von den Ästen gerissen. Alles war grau in grau und ich lief schlecht gelaunt durch die Straßen und schlug die Zeit tot, während meine Mutter und Konrad ihre Hochzeit vorbereiteten.
»Was ist denn los mit dir, Sammy?«, fragte meine Mutter manchmal und ihre Stimme klang ungeduldig und gereizt.
»Was soll schon los sein?«, murmelte ich. »Nichts ist los.«
»Du kannst mir doch alles sagen«, drängte meine Mutter. Ich warf ihr einen verächtlichen Blick zu. »Du hörst mir doch sowieso nicht zu.«
Wir schauten uns an und zwischen uns lagen Welten.
»Ruf doch Leander mal wieder an«, schlug meine Mutter schließlich vor.
»Nein«, murmelte ich niedergeschlagen.

»Was, um Himmels willen, ist denn zwischen euch beiden vorgefallen, dass eure Freundschaft völlig im Eimer ist?«
Ich zuckte mit den Achseln.
»Man kann doch über alles reden«, sagte meine Mutter vage.
Ich schaute sie an und hatte dabei das Gefühl, dass sie mit ihren Gedanken im Grunde ganz woanders war, bei Konrad und ihrer bevorstehenden Hochzeit, bei den vielen Einladungskarten, die sie drucken lassen wollte, bei dieser blöden Schwangerschaft – nur nicht bei mir. Früher war sie ganz anders gewesen, früher war alles ganz anders gewesen.
»Warum kriegst du überhaupt dieses Kind?«, fragte ich plötzlich. »Warum musst du in deinem Alter noch mal schwanger werden, das ist doch . . . peinlich.«
Meine Mutter schaute mich gekränkt an. »Was soll das, Sammy?«, fragte sie ärgerlich. Warum wurde sie eigentlich immer gleich wütend, wenn ich sie nach diesem neuen Leben, das sie jetzt führte, fragte?
»Ein Baby«, sagte ich böse. »Warum ein blödes Baby kriegen? Hier lungert doch schon dauernd diese blöde Sophia herum, habt ihr an diesem Baby noch nicht genug?«
Ich kann mich gar nicht mehr erinnern, ob oder was mir meine Mutter darauf antwortete, aber es war ja sowieso egal, sie war schwanger, sie würde Konrad heiraten und komplett neu anfangen. Ihren Job hatte sie ja bereits an den Nagel gehängt, sie war mir völlig fremd geworden. Ich erkannte sie einfach nicht wieder.

Immer öfter ging ich nachmittags zu Christian in die Tierhandlung. Christians Eltern hatten außer der Tierhandlung noch einen Getränkeshop am anderen Ende der Stadt und Christian musste darum häufig in der Tierhandlung aushelfen. Ihm ging das natürlich auf die Nerven, aber mir machte es Spaß. Ich verkaufte Goldhamster und winzige Laufräder und Säcke voll Meerschweinchenstreu und Katzenfutter in Dosen und Goldfische in Einmachgläsern, während Christian, Aljoscha und Raphael im winzigen Hinterzimmer saßen und Kampffische miteinander kämpfen ließen. Manchmal untersuchten sie auch die Geschlechtsorgane der Häsinnen oder versuchten zwei zappelige, ängstliche Hamster zum Sex miteinander zu zwingen.

»Das sind zwei Männchen, Aljoscha«, hörte ich Christian immer wieder prusten. »Hör auf, sie aufeinanderzusetzen, das sind zwei Männchen, kapierst du das nicht?«

»Na und, dann werden sie jetzt halt schwul, ist doch witzig«, antwortete Aljoscha.

Ich verkaufte gerade Wellensittichfutter und kicherte mit. Die Kundin schaute mich missbilligend an. »Werden dahinten etwa Tiere gequält?«, fragte sie schließlich misstrauisch.

»Wer weiß«, antwortete ich geheimnisvoll.

»Was soll denn das, wo sind überhaupt die Ladeninhaber?«, fragte die Frau empört.

»War ja nur Spaß«, murmelte ich schnell.

Mit einem bösen Blick auf mich und auf das Hinterzimmer rauschte die Frau davon.

»Willst du auch einen Cocktail, Herr Verkäufer?«, rief Christian, als der Laden wieder leer war. »Aber ich warne dich, meine Cocktails haben es in sich. Ich mixe eine Menge harten Stoff hinein . . .«

Und an diesem Tag, im Hinterzimmer der Tierhandlung von Christians Eltern betrank ich mich das erste Mal in meinem Leben.

Irgendwann schloss Christian die Ladentür ab, Aljoscha malte ein Schild und schrieb darauf: *Wegen plötzlichem Todesfall leider geschlossen!*

»Wer ist denn gestorben?«, erkundigte sich Raphael mit schwerer Zunge. Christian drehte den Mixer hoch und mixte stoisch alkoholischen Nachschub.

»Hör bloß auf mit deinem Teufelstrank«, winkte Raphael ab und verzog angewidert das Gesicht. »Wenn ich noch einen Schluck trinke, kommt es mir garantiert hoch, ich sehe sowieso bald weiße Mäuse.«

Plötzlich fing Christian an zu kichern und verschwand mit geheimnisvoller Miene im dämmrigen Laden. Gleich darauf kam er mit drei winzigen weißen Mäusen wieder, die er an ihren dünnen rosa Schwänzen vor sich hertrug und Raphael dicht vors Gesicht hielt.

»Da hast du deine weißen Mäuse«, sagte er lachend, während die Mäuse schrill und ängstlich fiepten.

»Igitt«, antwortete Raphael. »Tu diese ekligen Viecher weg, ich kann Mäuse nicht leiden.«

»Und hier haben wir unseren plötzlichen Todesfall«, prustete Christian und hielt die Mäuse über den halb vollen Mixer.

Mir wurde schwarz vor Augen, alles drehte sich. Ich dachte plötzlich wieder an Charly und an die beiden Vögel, die ich getötet hatte. Fluchtartig verließ ich das winzige Hinterzimmer, stürzte durch den Laden, brauchte eine Ewigkeit, bis ich die verschlossene Ladentür aufbekam und übergab mich dabei die ganze Zeit.

Raphael, Aljoscha und Christian kamen mir nach, aber sie fluchten nur über meine Kotzspur und dann war ich endlich draußen und rannte verzweifelt davon.

Aber ich kam nicht von ihnen los. Obwohl die drei eine riesige Wut auf mich hatten wegen des versauten Ladens, schaffte ich den Absprung nicht.

Zwei Tage ging ich nicht zur Schule, aber ich schaffte es trotzdem nicht. Zu Hause liefen die Hochzeitsvorbereitungen auf Hochtouren und an der Pinnwand in der Küche prangte das erste Portrait des neuen Babys, ein weißes Klümpchen irgendwas in einer dunklen Höhle, die der Bauch meiner Mutter war.

»Wie eklig«, murmelte ich, als ich das Bild zum ersten Mal sah.

»Samuel!«, fauchte Konrad gereizt.

»Ich werde doch mal meine Meinung sagen dürfen«, murmelte ich.

»Streitet euch doch nicht immer«, bat meine Mutter.

»Er benimmt sich wie ein Ungeheuer und du verteidigst ihn auch noch, Ulla«, schimpfte Konrad weiter.

»Warum bist du nicht in der Schule, Sammy?«, sagte meine Mutter plötzlich und schaute auf die Uhr.

»Ich bin krank«, antwortete ich gleichgültig.

»So, wie du stinkst, hast du dich gestern Abend besoffen, werter Knabe«, sagte Konrad, immer noch wütend.

Ich zuckte mit den Achseln.

»Ich mache mir langsam wirklich Sorgen«, sagte meine Mutter und schaute mich so widerwillig an, als wäre ich giftig. Wenigstens kam mir das so vor. Vielleicht machte sie sich aber auch wirklich Sorgen um mich.

»Lasst mir doch meine Ruhe«, murmelte ich matt und wanderte zurück in mein Zimmer.

Ich blieb den ganzen Tag im Bett und sah mir Filme an. Einen Horrorfilm, einen sehr verbotenen Pornostreifen und anschließend *Bambi* von Walt Disney. Ich befriedigte mich ein paarmal selbst und dachte dabei an Karlotta und Leander, an Anuschka und an die kleine Schwester von Franz Borowikowski. Meine Laune sank und sank. Dann rief ich Katharina in Frankreich an und erkundigte mich nach meinem Opa.

»Es geht ihm nicht besonders gut«, sagte Katharina traurig. »Er ist ziemlich verwirrt, weißt du. Er erkennt mich nicht.«

»Mist«, murmelte ich.

»Was sagst du?«, fragte Katharina.

»MIST! Es ist alles ein ganz großer Mist.«

»Komm doch mal wieder zu Besuch, Sammy«, schlug Katharina vor. »In den Weihnachtsferien vielleicht, wie wär das?«

»Ich weiß nicht . . .«, sagte ich leise.

»Was?«, fragte Katharina wieder. »Warum sprichst du denn so leise, Sammy, geht's dir nicht gut?«

»Ulla kriegt ein Baby«, schrie ich in den Hörer. »Wusstest du das?«

»Ja«, sagte Katharina. »Das weiß ich bereits. Schön für deine Mutter.«

»Ich finde es nicht schön«, sagte ich düster.

Und weil Katharina daraufhin schon wieder nur »Was?« fragte, legte ich einfach den Hörer auf. Niedergeschlagen starrte ich vor mich hin.

Am Wochenende blieb ich ebenfalls in meinem Zimmer. Es war das Wochenende, an dem meine Mutter die ersten Schwierigkeiten mit dem Baby bekam. Ich weiß nicht genau, was da passierte, jedenfalls bekam meine Mutter starke Schmerzen und Konrad untersuchte sie. Dann steckte er sie ins Bett und besorgte ihr ein paar Schachteln Tabletten, die sie von da an schluckte. Von den Tabletten wurde ihr allerdings schrecklich übel und sie verbrachte eine Menge Zeit jammernd auf der Toilette.

»Das wird schon wieder, Ulla«, tröstete Konrad die Toilettentür.

»Was ist denn los?«, fragte ich über das Treppengeländer hinunter.

»Ein paar kleine Probleme, weiter nichts«, sagte Konrad kurz angebunden.

»He, sie ist *meine* Mutter, falls du das vergessen haben solltest«, fauchte ich wütend. »*Was* hat sie, ist sie plötzlich krank?«

Konrad schaute zu mir hoch, runzelte die Stirn, dachte einen Augenblick nach und dann gab er mir einen detaillierten medizinischen Bericht über den nervösen Bauch meiner Mutter. Ich verstand natürlich so gut wie gar nichts, aber das hatte Konrad wohl auch nicht anders beabsichtigt, jedenfalls schauten wir uns gereizt und unfreundlich an.

»Na gut«, zischte ich schließlich wütend. »Das war ja ein spannender Onkel-Doktor-Bericht. Eine Frage hätte ich dann noch . . .«

»Was?«, fragte Konrad.

»Ist das, was du da eben so malerisch beschrieben hast, gefährlich für meine Mutter?«

Konrad schüttelte den Kopf. »Für sie nicht, aber vielleicht für das Baby.«

Wir schauten uns an.

»Der Fötus ist jetzt ungefähr so groß wie dein kleiner Finger, Sammy«, sagte Konrad.

»Warum schaust du mich so an?«, murmelte ich.

»Weil ich will, dass du deiner Mutter in den nächsten Tagen keinen unnötigen Stress machst.«

Dazu sagte ich nichts, kam Konrads Bitte aber nach. Ich verließ meine selbst gewählte Einsamkeit und ging wieder zu Raphael und seinen Freunden.

Der Himmel über der Schule war dunkelgrau, nur ganz hinten, wo schon der Wald anfing, war er ein bisschen heller. Es sah so aus, als habe dort jemand blasse, hoffnungsvolle Schlieren an den Himmel gepinselt, mit einem sehr nassen, weichen Pinsel.

»Ich wäre jetzt gerne im Wald«, sagte ich gedankenverloren zu Raphael, während wir an einem Auto lehnten und auf die anderen warteten. Sofort hätte ich mir am liebsten die Zunge abgebissen.

»Was redest du denn für einen Quatsch?«, fragte Raphael da auch schon irritiert.

»Ach nichts«, sagte ich verlegen. »Ist nicht weiter wichtig, es war nur so eine Idee.«

»In den öden Wald, wo überhaupt nichts los ist. Und das auch noch bei diesem Mistwetter!«

Raphael schüttelte sich und schlug den Kragen seiner teuren Lederjacke hoch.

Wir schwiegen.

»Christian hat wegen deiner Kotzerei übrigens ziemlichen Ärger mit seinen Eltern bekommen«, erzählte Raphael schließlich und boxte mir leicht vor die Brust. »Und keiner wollte putzen, alle haben sich stur gestellt.«

Raphael lachte jetzt richtig, während mir diese Sache so peinlich war, dass ich am liebsten kein Wort mehr darüber verloren hätte.

»Zum Glück haben Christians Eltern diese Putzfrau aus Polen, die durfte sich dann mit deinem eingetrockneten Mageninhalt beschäftigen . . .«

Raphael schaute mich kopfschüttelnd an. »Du verträgst ja nicht gerade viel«, sagte er abschätzend.

Ich schwieg beharrlich weiter.

»Wahrscheinlich wird Christian jetzt ein bisschen Kohle von dir verlangen«, fuhr Raphael lächelnd fort.

»Warum?«, fragte ich.

»Na, er musste doch die Putzfrau bezahlen und er meint,

dass das eigentlich deine Sache wäre . . . – Still jetzt, dahinten kommt Franz!«

Raphael ging Franz entgegen und breitete dabei die Arme aus, als habe er vor Franz wie ein kleines Kind jubelnd aufzufangen.

»Hallo, lieber, kleiner, hässlicher Russe«, sagte er dann allerdings und blieb stehen.

»Was habt ihr . . . mit meiner Schwester gemacht?«, schrie Franz außer sich vor Wut.

»Aber, aber«, sagte Raphael. »Begrüßt man so einen guten Freund? – Nein, das tut man nicht, wahrlich nicht.«

Raphael kniff Franz in die Backe.

»›Guten Morgen, lieber Herr Zobel‹, sagt man und dazu macht man eine schöne, tiefe Verbeugung.«

Franz stand stockstreif da und starrte uns an.

»Hast du nicht gehört, was Raphael gesagt hat?«, schrie ich plötzlich und schlug Franz in sein blasses Gesicht. Ich hatte plötzlich eine schreckliche Wut.

»Los, du Idiot«, keuchte ich. »Tu, was wir dir sagen!«

Und dann tat Franz alles, was wir wollten. Er redete uns brav nach, er verbeugte sich, einmal, zweimal, dreimal, viermal – zehnmal – fünfzehnmal. Inzwischen waren Christian und Aljoscha auch gekommen. Ein paar andere gingen an uns vorbei, und als ich Leander und Knut kommen sah, zerrte ich Franz ins nahe Gebüsch. Und dort zog sich Franz brav aus und dort zahlte er auch seine Schulden und dort spielte er uns auf dem nassen, durchweichten Lehmboden ein langes Stück auf dem Klavier vor.

Blupp, blupp, blupp machte die nasse, weiche Erde unter Franz' Fingern.

Wir grinsten, klatschten und ließen Franz los.

»Auf zur Schule«, sagte Christian freundlich und lächelte in die Runde.

Franz stand blass zwischen uns, er war über und über schmutzig.

»Ach, übrigens«, sagte Raphael sanft. »Wenn du möchtest, dass wir deine kleine Schwester in Zukunft in Ruhe lassen, ist das überhaupt kein Problem.«

Franz hob den Kopf.

». . . du musst einfach ein kleines Schutzgeld dafür entrichten, dann kann ihr gar nichts mehr passieren.«

Raphael streichelte Franz' lehmverschmierte Wange.

»Und da du so ein armer Russe bist, bieten wir dir einen Sonderpreis an: Sagen wir zwanzig Euro pro Woche?«

Und damit machten wir uns seelenruhig aus dem Staub.

Franz kam an diesem Morgen nicht in die Schule.

Raphael, Aljoscha, Christian und ich teilten Franz' Geld in vier Teile und ich zahlte von meinem Anteil die Kosten für die Putzfrau an Christian zurück.

»Alles klar, Kumpel«, sagte Christian und steckte das Geld ein.

»Wie geht es übrigens MacChicken?«, erkundigte ich mich erleichtert und fand Christian, vor dem ich früher immer ein bisschen Angst gehabt hatte, plötzlich sympathisch.

Christians Miene verdüsterte sich. »Das Ei ist leider kaputt«, sagte er achselzuckend. »Keine Ahnung, wie das passiert ist, aber eines Morges war es hinüber, einfach so. Dabei habe ich das Vieh immer unheimlich gut versorgt.«

»Mist«, sagte ich mitfühlend. »Und was machst du jetzt, kaufst du dir ein neues Ei?«

»Nein, besser nicht«, sagte Christian und schüttelte den Kopf. »MacChicken war einmalig. – Aber ich hab trotzdem was Neues, Sammy. Was ganz Scharfes – Yuki.«

»Yuki?«, fragte ich. »Was ist das?«

Christian grinste. »Sie wohnt in meinem Computer und sie ist so süß, dass mir beinahe mal einer abgegangen ist, als ich mit ihr gespielt habe.«

Am Nachmittag führte uns Christian Yuki vor. Sie war ein kleines, computeranimiertes Vogelweibchen mit sanften Augen, so schüchtern, dass sie sich kaum herbeilocken ließ, und als sie außer Christians auch noch unsere erwartungsvollen Blicke sah, huschte sie gleich wieder ängstlich vom Bildschirm und verschwand. Von Weitem konnten wir ihr ängstliches Wimmern immer trauriger und leiser werden hören.

»Mist, Mist, Mist«, fluchte Christian wütend. »Jetzt hat sie euretwegen Angst gekriegt. Wahrscheinlich kommt sie jetzt tagelang nicht mehr zum Vorschein, dabei war ich schon so weit mit ihr.«

Christians Laune war hin, er bearbeitete konzentriert mit gerunzelter Stirn seinen Computer. »Geht jetzt bitte«, sagte er schließlich düster. »Ich will sehen, ob ich Yuki, wenn ich mit ihr alleine bin, wieder hinkriegen kann. – Was musstet ihr sie auch so erschrecken, verflixt!«

Da machten Raphael, Aljoscha und ich uns schnell aus dem Staub.

»Sagt mal, hat Christian vielleicht . . . eine kleine – Macke?«, fragte ich dann doch vorsichtig, als wir zu dritt an der Bushaltestelle standen und auf den Bus in die Stadt warteten. »Ich meine, wegen dieser komischen Computerspiele . . .«

Aber Raphael und Aljoscha fanden überhaupt nichts dabei.

»Er ist halt so«, verteidigte Aljoscha seinen Freund achselzuckend.

»Er steht nicht besonders auf harte Sachen, Horror und so, er ist eher sanft und sensibel. Früher hat er geheult, wenn er mal versehentlich auf einen Käfer getreten ist . . .«

Ich dachte für einen Moment mit leisem Grauen an die weißen Mäuse aus der Tierhandlung, sagte aber lieber nichts mehr. Schließlich wollte ich es mir mit meinen neuen Freunden nicht verderben.

Am Wochenende darauf heirateten meine Mutter und Konrad. Ich fühlte mich schlecht an diesem Tag. Als die beiden, umringt von einigen lauten, aufgedrehten Bekannten, das Haus verließen, schloss ich mich wütend in meinem Zimmer ein und versuchte, an etwas anderes zu denken.

Franz erzählt . . .

Das Geld

Ich komme aus Russland, aus Weißrussland, aus einem kleinen Dorf bei Brjansk. Das Dorf ist so winzig, dass es auf keiner Landkarte eingezeichnet ist. Als ich klein war, lebten in unserem Dorf dreihundert Menschen, als wir, wie viele andere vor uns, nach Deutschland gingen, wohnten im Dorf nur noch etwa fünfzig Menschen, fünfzig alte Menschen.
Ich wäre gerne in Russland geblieben, ich habe mich dort sehr, sehr wohlgefühlt. Meine Urgroßeltern, die Großeltern meiner Mutter, waren Deutsche. Aber ich habe mich immer als Russe gefühlt. Und die deutsche Sprache finde ich sehr schwierig. Meine Schwestern wären auch lieber zu Hause geblieben. Aber meine Eltern wollten nach Deutschland, weil sie in Russland schon ziemlich lange arbeitslos gewesen sind. Jetzt sind sie in Deutschland arbeitslos, aber wir kriegen wenigstens eine monatliche Unterstützung. Und ich habe tatsächlich ein Stipendium an der Musikschule bekommen. Ich liebe es, Klavier zu spielen. Wenn ich Klavier spiele, bin ich glücklich.

Wir haben eine sehr kleine Wohnung in einem Hochhaus, vielleicht ist die Wohnung auch gar nicht so klein, aber wir sind eben sechs Menschen in dieser Wohnung, meine Eltern, meine drei Schwestern und ich.

Meine Schwester Elisabeth hat einen Herzfehler, darum ist es wenigstens für Elisabeth gut gewesen, nach Deutschland zu kommen. Sie ist hier operiert worden, schon zweimal, und jetzt geht es ihr viel besser als früher, als wir noch in Russland waren.

In Russland besaßen wir einen kleinen Hof ganz am Rand des Dorfes – bloß drei kleine Zimmer, ein Wohnzimmer, ein Schlafzimmer und eine kleine Kammer für uns Kinder. Aber wir hatten draußen sehr viel Platz. Große Wiesen, einen eigenen Garten, einen Stall für die Ziege und die Hühner und der Wald war ganz nah.

Klavier gespielt habe ich in der Kirche beim Pfarrer. In Russland hatte ich eine Menge Freunde, aber nach und nach gingen fast alle Familien nach Deutschland und zum Schluss war nur noch Stjepan übrig. Stjepan war der einzige meiner Freunde, der keine deutschen Vorfahren hatte.

Ich bin fünfzehn Jahre alt und außer ein paar anderen Russen habe ich hier keine Freunde oder höchstens Leander und Knut, aber so richtig gehöre ich eben doch nicht zu ihnen. Ich meine, es ist mit ihnen nicht wie früher mit Stjepan.

Ich möchte eigentlich gar nichts erzählen über Sammy und Raphael und die beiden anderen Jungen, ich hasse es, an sie denken zu müssen. Und ich werde auch nicht aufschreiben, was sie alles mit mir angestellt haben. Ich hasse, hasse, hasse Samuel Becker und Raphael Zobel. Dabei habe ich Sammy, als ich ihn zum ersten Mal sah, eigentlich nett gefunden. Ich bin ja ziemlich klein und Sammy ist auch nicht gerade ein Riese und er hatte so ein ernstes, nachdenkliches Gesicht und hat mich ein bisschen an Stjepan erinnert.

Aber Sammy war nicht nett, wenigstens nicht zu mir. Und ich werde ihm nie verzeihen, was er meiner kleinen Schwester angetan hat. Manchmal habe ich nachts wach gelegen und mir vorgestellt, was ich ihm gerne antun würde, wenn ich könnte. Ich war erschrocken darüber, was für Sachen mir da eingefallen sind.

Als Elisabeth an dem Tag nach Hause kam, als Sammy und seine Freunde sie das erste Mal auf dem Heimweg abgefangen hatten, weinte sie den ganzen Nachmittag. Natürlich hat sie uns alles erzählt und meine Mutter weinte mit ihr, meine anderen beiden Schwestern weinten auch. Und mein Vater wollte natürlich zur Polizei gehen, das fand ich gut. Aber meine Mutter war dagegen. Sie meinte, dann würde alles nur noch schlimmer werden und die Jungen würden sich dann ganz sicher an Elisabeth rächen. Vielleicht hat meine Mutter recht, aber ich wäre trotzdem froh gewesen, wir hätten etwas getan.

Ich habe zu Hause gar nicht erst etwas von dem erzählt, was Sammy mit mir machte, es hätte ja doch keinen Sinn gehabt.

Also musste ich zahlen, um wenigstens meine Schwester zu beschützen. Zweimal konnte ich mein Geld nicht pünktlich abliefern und jedes Mal haben sie sich Elisabeth vorgeknöpft.

»Geh nie alleine, hörst du, Elisabeth«, warnte ich meine Schwester immerzu, aber sie schafften es trotzdem, jedes Mal.

Das Geld, das ich ihnen gab, habe ich geklaut. Ich habe meine Eltern bestohlen, ich habe in der Musikschule und im kleinen Zeitungsladen in unserer Straße geklaut. Immer nur kleine Beträge, damit es nicht auffällt. Aber weil ich immer nur Kleingeld mitnahm, musste ich praktisch immerzu stehlen. Manchmal habe ich auch die Leute auf der Straße um Geld gebeten, aber das funktionierte nur selten.

Einmal hatte ich Glück, da habe ich in der Musikschule einen Hunderteuroschein gefunden, der lag einfach so in einem Regal, ich habe ihn erleichtert mitgenommen, für fünf Wochen hatte ich nun Geld und brauchte nicht weiter zu stehlen. Aber danach musste ich wieder zusehen, dass ich Geld herbeischaffte. Inzwischen verlangten Sammy und Raphael schon dreißig Euro für eine Woche Sicherheit. Ich war so verzweifelt, dass ich mich jeden Morgen übergab.

Und einmal wurde ich natürlich erwischt.

Nein, ich bin nicht gerne in diesem Land, immer noch nicht. Aber ich bin froh über mein eigenes Klavier, denn ich habe tatsächlich ein eigenes Klavier. Das hat mir Sammys Stiefvater geschenkt, damals, als alles herausgekommen ist.

Die Klassenlehrerin erzählt . . .

Ärger in der Schule

Wir sprachen natürlich im Kollegium darüber. Es hatte einigen Ärger gegeben, hier und da riefen aufgebrachte Eltern an und erzählten von brutalen Übergriffen auf ihre Kinder. Es wären Kinder geschlagen worden, ein Vater erzählte, seine Tochter sei zu sexuellen Handlungen gezwungen worden, zwei Mütter sprachen von psychischem Druck auf ihre Kinder.

Wir setzten uns zusammen, diskutierten bis in den späten Abend hinein, setzten zwei Konferenzen zum Thema *Gewalt* an, aber wir kamen zu keinem beschlussfähigen Ergebnis. Wir wussten nicht, wer diese Schüler waren, die durch ihre Aggression die Schüler in Unruhe brachten.

»Die Kinder der unteren Klassen haben Angst, große Angst«, sagte Frau Calmano, die Schulleiterin. »Wir müssen schleunigst etwas tun!«

Aber ich empfand das nicht so, nicht generell. In meiner Klasse gab es im Großen und Ganzen bis dahin überhaupt keine Auffälligkeiten und in der anderen neunten Klasse auch nicht.

»Diese Jugendlichen bedrohen scheinbar nur die unteren Jahrgänge«, folgerte Frau Messerschmidt, die Religionslehrerin.

»Was ist mit den Eltern der betroffenen Kinder?«, fragte Frau Calmano.

Der Konrektor zuckte mit den Achseln. »Als Erster an die Öffentlichkeit treten möchte natürlich keiner«, sagte er vage.

»Wie viele Schüler wurden insgesamt belästigt?«, fragte Frau Messerschmidt.

Wir sortierten die Vorfälle auf einer Liste.

»Sieben«, sagte Frau Calmano schließlich seufzend.

»Sieben!«, rief Frau Sommer entsetzt.

»Sieben . . .«, sagte Frau Krämer verächtlich und zuckte mit den Achseln. »Meine lieben Kollegen, malen wir doch nicht den Teufel an die Wand. Ärger hat es immer schon gegeben. An jeder Schule und zu jeder Zeit. Ich habe den Eindruck, wir bauschen die ganze Sache unnötig auf . . .«

Also, schlussendlich fanden wir leider keinen gemeinsamen Weg.

Trotzdem nahmen wir uns vor, in der Zukunft aufmerksamer zu sein.

Kurze Zeit später kam dann Herr Bechstein an die Schule. Herr Bechstein war Sozialarbeiter und sollte sich nach und nach in den Klassen umsehen. Allerdings war das Lehrerkollegium geteilter Ansicht über seine Einstellung, viele fühlten sich durch ihn kontrolliert.

Ich arrangierte mich mit seiner Anwesenheit, er kam für

eine Woche in die Klasse und beobachtete den Unterricht.
Es war eine sehr verzwickte Angelegenheit.
Und leider öffnete uns nicht einmal der Vorfall beim Schulorchesterspiel die Augen.

Sammy erzählt . . .

Der Winter und die h-Moll-Sonate von Franz Liszt

Eines Morgens brachte Frau Klinka einen unbekannten Mann mit in die Klasse.
»Das ist Herr Bechstein«, erklärte sie uns. »Er wird eine Weile am Unterricht teilnehmen.« Dann begann sie nervös und unkonzentriert mit ihrer ersten Stunde.
Herr Bechstein störte uns nicht weiter, er saß still mit uns im Klassenraum und in der Pause begleitete er uns in den Hof hinunter. Jeden Tag ließ er sich auf einem anderen Platz in der Klasse nieder.
»Kann ich mich heute zu euch setzen?«, sagte er eines Morgens zu Raphael und mir und stand mit seinem Stuhl in der Hand abwartend vor uns.
»Klar«, sagte Raphael.
Herr Bechstein lächelte und setzte sich.
»Was machen Sie eigentlich hier?«, erkundigte sich Raphael.
»Ich schaue mir die Schule an«, antwortete Herr Bechstein.

»Sind Sie ein Referendar oder so etwas?«, fragte Raphael neugierig.

Herr Bechstein schüttelte den Kopf.

»Was sind Sie dann?«, fragte Raphael.

»Ich bin Sozialarbeiter«, erklärte Herr Bechstein.

»Und was wollen Sie hier bei uns *sozialarbeiten?*«, fragte Raphael stirnrunzelnd.

Herr Bechstein schaute uns ruhig an. »Ich schaue mir an, wie ihr miteinander umgeht, wie ihr eure Konflikte untereinander bewältigt, wie ihr mit euren Sorgen und Problemen umgeht«, sagte er dann langsam.

»Ach so, ein Schnüffler also«, sagte Raphael.

»Wenn du es so sehen willst«, sagte Herr Bechstein unbeeindruckt.

Nach einer Woche wechselte Herr Bechstein von der 9a in die 9b hinüber, Aljoscha und Christian waren genervt.

Wir sprachen ein- oder zweimal vom Schnüffler, dann wurde er allmählich uninteressant, er integrierte sich ins Schulmobiliar wie die Tische, Stühle, Regale und Schränke.

Aber eines Tages kam Herr Bechstein zu uns zurück.

»Was wollen Sie denn schon wieder, Sherlock Holmes?«, knurrte Raphael kopfschüttelnd.

Frau Klinka und Herr Bechstein nickten sich zu und Frau Klinka unterbrach ihren Unterricht.

»Was soll denn das werden?«, rief ich ärgerlich.

»Heute werden wir mal alles auf den Kopf stellen«, erklärte Herr Bechstein und setzte sich aufs Pult.

Wir schlossen unsere Hefte und Bücher und es wurde sehr laut. Lauter noch als sonst. Raphael neben mir lehnte sich zurück, schloss die Augen und summte vor sich hin.

Franz' Finger spielten schon wieder nervös auf der Tischkante Klavier, die anderen machten den üblichen Lärm.

Knut und Leander waren wirklich die Einzigen, die stumm dasaßen und Herrn Bechstein abwartend anschauten.

Herr Bechstein schaute sich die Unruhe eine Weile an, dann stand er auf, begann, zwischen unseren Tischen herumzuwandern und dabei wasserfallartig Fragen zu stellen.

»Britta, wie viele Schüler und Schülerinnen sind in dieser Klasse?«

Britta zuckte mit den Achseln. »Zwanzig oder ein paar mehr. Fünfundzwanzig, glaube ich. – Wenn alle da sind.«

Herr Bechstein nickte. »Wie viele Mädchen und wie viele Jungen?«, fragte er dann. »Knut?«

»Zehn Mädchen und fünfzehn Jungen«, sagte Knut, ohne nachdenken zu müssen.

»Prima«, sagte Herr Bechstein und blieb stehen.

»Was soll der Schwachsinn?«, fragte Raphael mit geschlossenen Augen. »Wird das ein Kreuzverhör der besonderen Art?«

Herr Bechstein ignorierte die Frage.

»Schließt bitte alle für einen Moment die Augen«, bat er dann.

Es war jetzt ziemlich ruhig in der Klasse, eine verwirrte, misstrauische Ruhe.

»Laura, kannst du uns sagen, wer heute in der 9a fehlt?«

Eine Weile war es ganz still, man hätte eine Stecknadel fallen gehört.

»Nein«, sagte Laura schließlich verlegen. »Ich habe keine Ahnung, ob einer fehlt.«

»Wer kann Laura helfen?«, fragte Herr Bechstein.

Keiner antwortete.

»Stellt euch eure Klassenkameraden vor«, schlug Herr Bechstein leise vor. »Wer könnte fehlen?«

Aber es nützte nichts, keiner sagte ein Wort. Wir machten die Augen wieder auf.

»So ein Scheiß«, sagte Raphael und tippte sich gegen die Stirn.

Leander schaute sich um. »Felix fehlt«, sagte er dann. »Und Helena.«

Herr Bechstein nickte und begann im nächsten Augenblick, Papier und Stifte auszuteilen.

»Ist der Unsinn noch immer nicht zu Ende?«, fragte irgendjemand, ich weiß nicht mehr, wer.

»Jeder von euch bekommt ein Blatt Papier«, sagte Herr Bechstein laut in die unzufriedene Unruhe hinein. »Ich habe auf jedes Blatt einen Namen geschrieben. Jeder wird einen Bogen Papier mit dem Namen eines Mitschülers bekommen . . .«

Der Lärm wurde noch lauter.

»Ich möchte, dass ihr zu dem Mitschüler, der auf eurem Papier steht, ein paar Notizen macht.«

»Was denn für Notizen?«, rief Laura misstrauisch.
Herr Bechstein lächelte und war fertig mit dem Verteilen.
»Es ist nicht schwer«, sagte er und ging zurück zum Pult. »Schreibt einfach fünf nette Dinge auf, die euch zu dem Namen auf eurem Zettel einfallen.«
»So ein Blödsinn«, schimpfte ich gereizt und gab dem Bogen Papier, der vor mir auf dem Tisch lag, einen Schubs. Der Zettel fiel auf den Boden. Herr Bechstein kam zu mir rüber, hob den Zettel auf, runzelte die Stirn und gab ihn mir zurück. Er schaute mich finster an. Finster und streng und hart. Ich schluckte nervös und nahm das blöde Blatt aus seiner Hand.
»Nun mach dir doch nicht gleich ins Hemd«, flüsterte mir Raphael leise zu.
Auf meinem Zettel stand ausgerechnet Knuts Name. Mir wurde heiß im Bauch und gleichzeitig bekam ich kalte Hände.
»Wen hast du?«, fragte ich Raphael.
»Patricia«, sagte Raphael grinsend und schrieb mit großen, plakativen Buchstaben etwas über Patricias Figur und ihre geschminkten Augen und ihre langen braunen Haare.
»Fertig!«, rief er dann und lehnte sich wieder zurück. Er lächelte breit.
»Kriegen wir darauf Noten?«
Ich saß stumm und deprimiert vor meinem Papier. Die Klasse war plötzlich ruhig. Die Leute schrieben oder dachten nach oder flüsterten oder starrten verlegen vor sich hin.

Knut, der Besserwisser, dachte ich böse. Knut, der Schleimscheißer. – Knut hatte mir meinen besten Freund weggenommen. Knut sah gut aus. Auf Knut standen die Mädchen. Knut war selbstbewusst.

Eine Welle aus Hass schlug über mir zusammen, ich knüllte den Zettel zusammen und stürzte aus der Klasse. Die Tür flog krachend hinter mir zu. Wie peinlich ich mich aufführte, wie grenzenlos peinlich und lächerlich. Was die anderen jetzt wohl von mir dachten? Ich war doch wirklich der größte Trottel der Welt.

»Scheißleben«, murmelte ich und verließ die Schule. Ich dachte an das strenge Gesicht des Schnüfflers.

»Scheißtyp«, flüsterte ich verzweifelt und war mir auf einmal nicht mehr sicher, wen ich damit überhaupt meinte.

Zu Hause wurde es immer unerträglicher für mich. Meine Mutter lag den ganzen Tag im Bett und machte sich Sorgen um ihr ungeborenes Baby.

»Steh doch einfach mal auf und zerbrich dir nicht dauernd den Kopf über diesen blöden Embryo«, sagte ich einmal gereizt, aber meine Mutter schüttelte niedergeschlagen den Kopf und hatte weiterhin Angst vor einer Fehlgeburt.

»Du gehst mir unheimlich auf die Nerven mit diesem Getue«, brüllte ich sie ein anderes Mal an und schaute mich böse in ihrem Zimmer um. Überall lagen Bücher über Schwangerschaft und Schwangerschaftskomplikationen und Schachteln mit rosa Tabletten.

»Willst du dich komplett vergiften wegen dieses nervigen

Zellklumpens?«, fuhr ich sie an und setzte mich für einen kurzen Moment auf ihren Bettrand. Wir schauten uns an, gereizt und traurig, alle beide.

»Du hast dich sehr verändert, Sammy«, sagte meine Mutter irgendwann.

»Du hast dich auch sehr verändert, Ulla König«, fuhr ich sie an und sprach ihren neuen Nachnamen, Konrads Nachnamen, aus, als wäre er giftig. Komisch, wie sehr es mich verletzte, dass sie jetzt nicht mehr so hieß wie ich. Ulla König und Samuel Becker.

Abrupt stand ich auf, wie kindisch ich mich wieder benahm. Sollte meine Mutter doch heißen, wie sie wollte, heiraten, wen sie wollte, so viele Kinder gebären, wie sie wollte.

»Sammy . . .«, sagte meine Mutter.

»Was ist?«, fragte ich wütend und war schon wieder auf dem Weg zur Tür.

»Wenn ich wieder aufstehen kann, machen wir uns mal wieder einen schönen Tag zusammen, ja? Nur wir beide.«

Ich schüttelte den Kopf. »Wenn du wieder aufstehen kannst, wirst du Konrads Kind am Hals haben!«

Damit ging ich hinaus.

In der darauffolgenden Zeit sah ich meine Mutter nicht viel. Ein paarmal begegneten wir uns in der Küche oder im Flur, wenn sie auf dem Weg ins Badezimmer war, ansonsten traf ich häufiger auf Konrad, wenn er vom Dienst kam und den Haushalt versorgte. Wir hatten uns auch nicht gerade viel zu sagen.

Ein paarmal kam Anuschka, ich zahlte ihr unaufgefordert die zwanzig Euro für die Spannerei im Badezimmer und für weitere zwanzig Euro ließ mich Anuschka für einen kurzen Augenblick ihren Busen anfassen. Ich war so erregt, dass meine Finger kalt und fahrig waren, sodass ich kaum etwas spürte, und Anuschka musterte mich abschätzend, als fände sie mich ziemlich lächerlich. Komisch, dass wir uns trotzdem miteinander abgaben. Ich war erregt, wenn ich Anuschka sah, aber ich verliebte mich nicht in sie. Ich stellte mir tausendmal vor, wie es wäre, sie zu küssen, aber als ich ihr zwanzig Euro dafür zahlte, um ihren Busen anzufassen, war mir hinterher plötzlich ganz elend zumute.
Nächtelang dachte ich darüber nach, warum ich zu so einem Gefühlsmonster geworden war.

Die Tage plätscherten so dahin, es war inzwischen Dezember geworden.
Aljoscha hatte plötzlich keine Zeit mehr für unsere gemeinsamen Aktionen. Weder vormittags in der Schule noch nachmittags, wo wir uns früher entweder bei Raphael oder in Christians Tierhandlung getroffen hatten.
Christian hatte auch nur wenig Zeit. Er beschäftigte sich nachmittags entweder mit Yuki, die ihn immer mehr beanspruchte, oder mit einem neuen Computerprogramm, das Raphael ihm verkauft und auf seiner Computerfestplatte installiert hatte.
»Es ist ein Cybersex-Programm«, erklärte mir Raphael. »Wenn du willst, zeige ich es dir mal. – Oder willst du lie-

ber ein paar neue Filme, ich habe da einen heißen Streifen aus Holland.«

Ich schüttelte den Kopf, Raphaels Filme interessierten mich immer weniger. Ich hatte genug von ihnen, sie machten mich nicht mehr besonders an.

»Was ist mit Franz?«, fragte ich stattdessen. »Hat er diese Woche schon gezahlt?«

Raphael nickte lächelnd und händigte mir meinen Anteil aus.

Mittags, als ich schon auf dem Weg nach Hause war, liefen mir drei Jungen aus der Unterstufe über den Weg. Sie zuckten erschrocken zusammen, als sie mich erkannten. Ich genoss ihre Angst.

»Na, ihr Hosenscheißer«, begrüßte ich sie.

»Hau mal besser ab und lass uns in Ruhe«, sagte einer der Jungen vorsichtig.

Ich kniff die Augen zusammen und runzelte die Stirn. Zum ersten Mal bekam ich die Gelegenheit, mein Machtspiel allein zu spielen. Raphael hatte sich schon vor einer Weile aus dem Staub gemacht, sein Vater hatte ausnahmsweise einmal einen freien Tag und war mit seinem Sohn Tennis spielen gegangen.

Ich überlegte kurz, ob ich bereits gerissen genug war, alleine für Angst und Schrecken zu sorgen. Ein bisschen mulmig war mir schon, aber ich überwand mich. Dieses Machtspiel hatte mich süchtig gemacht, so wie vorher Raphaels Filme.

Und ich kriegte die Sache hin. Ich erstand eine Menge passabler Dinge. Einen Walkman, eine Sporttasche, ein teures Jo-Jo und eine Geldbörse mit dreißig Euro.

Zufrieden schlenderte ich davon, nachdem ich den Jungen erst noch das alte Lied vom Schweigen eingebläut hatte.

Ein paar Tage später tauchte Herr Bechstein wieder auf. Mir wurde flau im Magen. Ob die drei Jungen mich doch angeschwärzt hatten?
»Zu niemandem ein Wort von der Sache, klar?«, hatte ich gezischt und Kopfnüsse und Ohrfeigen verteilt. Den einen hatte ich derart an den Haaren hinter mir hergeschleift, dass ich nachher die ganze Hand voller Haare gehabt hatte.
Ich saß voller Panik da.
An der Wand hingen immer noch, halb heruntergerissen, die Papierbögen mit unseren Namen und unseren guten Eigenschaften. Unter Knuts Namen hatte jemand anderer fünf Sätze geschrieben, ich weiß nicht, wer. Ich erkundigte mich nie danach und warf auch nie einen Blick auf diese fünfundzwanzig Zettel.
Ich suchte auch niemals, nicht einmal verstohlen, nach meinem eigenen Namen. Ich fand die ganze Sache einfach lächerlich.
Herr Bechstein begann, die Klasse umzuräumen. Wir mussten die Tische an die Wände und unter das Fenster schieben, es gab einen Riesenlärm. Die meisten von uns hielten Herrn Bechstein für ziemlich überspannt und ein bisschen verrückt. Er störte sich aber nicht sonderlich daran, das ärgerte mich schon wieder.
Raphael war heute nicht da, er hatte einen Zahnarzt-

termin. Ich fühlte mich verloren und einsam. Nervös zog ich mich ans hinterste Fenster zurück und starrte hinaus.

»Samuel, würdest du bitte mithelfen?«, sagte Herr Bechstein sofort.

Ich warf ihm einen bösen Blick zu.

»Danke schön«, sagte Herr Bechstein freundlich.

»Arsch«, murmelte ich leise. Aber keiner beachtete mich.

»Stellt euch bitte in einem Kreis auf«, rief Herr Bechstein schließlich. Es dauerte eine Weile, bis seine Stimme durch den Lärm drang, dann bildete sich, nach und nach, ein Kreis.

»Aha, hier die Mädchen, da die Jungen«, sagte Herr Bechstein und schaute sich lächelnd um. Wir schwiegen und warteten ab. Ich stand zwischen Georg und Julian, zwei langweiligen, unauffälligen Computerfreaks, mit denen ich noch nie ein persönliches Wort gewechselt hatte.

»Wie wäre es, wenn ihr euch ein bisschen durcheinandermischt, wir sind schließlich nicht in einem Kloster?«, schlug Herr Bechstein munter vor.

Wir zuckten mit den Achseln.

»Sagen wir, ihr habt zehn Sekunden Zeit«, sagte Herr Bechstein und schaute bereits auf seine Armbanduhr. »Schafft ihr das?«

Ich zuckte mit den Achseln und blieb, wo ich war, aber die anderen drängten sich hierhin und dorthin, stießen gegeneinander und wurden nach und nach ziemlich vergnügt. Ich ärgerte mich.

»Stopp!«, rief Herr Bechstein und schaute sich um.

»Besser, viel besser«, sagte er zufrieden. Ich stand jetzt zwischen Aylin und dem Rollstuhlfahrer Felix.

»Okay«, sagte Herr Bechstein. »Jetzt kommt ihr alle noch einmal in die Mitte des Klassenraumes und dann sortiert ihr euch mit geschlossenen Augen noch mal genauso, wie ihr jetzt gerade steht, klar?«

Ein paar Leute lachten. Ich lachte nicht.

»Sind wir hier vielleicht beim Kindergeburtstag?«, fragte ich schlecht gelaunt.

Frau Klinka musterte mich nachdenklich.

»Also, wir versuchen es«, sagte der Schnüffler, ohne mich zu beachten. »Merkt euch gut eure Position, wer steht links von euch, wer rechts? – Schaut euch an . . .«

Ich war der Einzige, der die Augen offen hielt, ich beobachtete die anderen beim Stolpern, Aneinanderstoßen und Herumtasten.

Es gab ein Riesendurcheinander und es dauerte diesmal deutlich länger als zehn Sekunden, aber dann standen wieder alle in einem unordentlichen Kreis. Ich warf Felix, dessen Rollstuhl noch dichter als beim ersten Mal neben mir stand, einen bösen Blick zu. Aylin lächelte mir zu.

Herr Bechstein lachte und war richtig vergnügt, zwischendurch machte er sich aber kurze Notizen. Ansonsten tat er, als wäre er einer von uns.

»Und jetzt machen wir ein letztes Spiel für heute«, sagte er schließlich und musterte uns der Reihe nach. »Wir geben uns alle die Hände . . .«

Die 9a lachte verlegen, aber schließlich griffen alle nach

den freien, ausgestreckten Händen. Ich hatte plötzlich Aylins warme, weiche Hand in meiner linken und Felix ließ seinen Rollstuhl los und griff mit seiner Hand zögernd nach meiner rechten.

»So ein Scheiß«, murmelte ich sauer und machte mich los.

Herr Bechstein schaute zu uns herüber.

»Sei kein Spielverderber, Samuel«, sagte er freundlich.

Ich zauderte, aber dann überließ ich Aylin und Felix doch meine Hände. Es passte mir gar nicht.

Franz stand zwischen Britta und Leander.

»Wir wollen uns jetzt etwas Freundliches sagen«, erklärte Herr Bechstein. »Ihr seid ja schon seit ein paar Jahren miteinander in der Klasse, ihr kennt euch wahrscheinlich besser, als ihr es selber wisst. Also, schaut einander an und überlegt euch, was euch am anderen gut gefällt.«

Ich lauschte gereizt auf die verlegenen Stimmen der anderen.

Wie peinlich und blödsinnig das alles war.

Plötzlich war ich an der Reihe, es hatte ja so kommen müssen.

Alle schauten mich an, Felix, um den es jetzt ging, war der Einzige, der nicht zu mir hersah. Er starrte dafür neben mir auf die Erde und ich konnte seine Ablehnung förmlich spüren. Ich rückte ein Stück zur Seite. Es war, bis auf den Regen draußen, ganz still.

Plötzlich fühlte ich die Mauer, die sich zwischen mir und den anderen aufgebaut hatte, so stark wie noch nie. Und ich vermisste Raphael.

»Was guckt ihr denn alle so blöd?«, fragte ich und schaute kühl in die Runde.

»Du bist dran«, sagte Knut.

»Ich mache nicht mit«, antwortete ich. »Bei diesem Blödsinn mache ich nicht mit.«

Und damit machte ich mich aus dem Staub.

Leander und Karlotta waren kein Paar mehr, ihre Beziehung war zu Ende. Ich erfuhr ganz zufällig davon. Raphael und ich waren auf dem Weihnachtsmarkt unterwegs, als wir Karlotta direkt in die Arme liefen.

»Hoppla«, stotterte ich, als wir vor einem Kinderkarussell aufeinanderstießen. Karlotta stand Hand in Hand mit einem fremden Jungen da und schaute ihren kleinen Brüdern geduldig beim Karussellfahren zu. Die beiden Kleinen waren nicht zu überhören. Bei jeder Runde, wenn das Karussell sich einmal um sich selbst gedreht hatte und der feuerrote Feuerwehrwagen vorübersauste, riefen zwei gellende Jubelstimmen: »Karlooootta!«, und einmal riefen sie: »Karlotta, da ist Sammy, unser Sammy . . .«

Da hatten Karlotta und ich unseren Zusammenstoß gerade hinter uns.

»Hallo«, konnte ich gerade noch sagen, dann zog Raphael mich ungeduldig weiter und Karlotta sah sowieso nicht so aus, als hätte sie gerne mit mir gesprochen. Wie hübsch sie war, ich fühlte mich plötzlich wieder rundherum elend.

»Diese blöde Tussi«, sagte Raphael geringschätzig und spuckte auf den Boden. »Dass du an der mal was gefunden hast. Also ich mag jedenfalls keine rothaarigen Mädchen.«

Ich erinnerte mich dumpf, dass Leander damals im Schwimmbad das Gleiche gesagt hatte, und plötzlich war der alte Schmerz wieder da, die Sehnsucht nach Leander und Karlotta.

»Warst du noch nie verliebt?«, fragte ich Raphael schließlich vorsichtig.

Raphael zuckte mit den Achseln. »Ich weiß nicht«, sagte er nachdenklich. »Ich sehe das eher so wie mein Vater. Die Weiber ruinieren einen nur. Zum Beispiel meine Mutter . . .«

»Was ist mit deiner Mutter?«, fragte ich und mir wurde zum ersten Mal bewusst, dass Raphael nur mit seinem Vater zusammenlebte, dass von einer Mutter nie die Rede war. Merkwürdig, dass mir das bisher gar nicht aufgefallen war. Das große Haus, in dem Raphael lebte, war leer bis auf ihn und seinen viel beschäftigten Vater und eine unfreundliche, gereizte Haushälterin.

»Meine Mutter hat die Düse gemacht, als ich vier Jahre alt war«, sagte Raphael gleichgültig.

»Sie hat euch . . . verlassen?«, fragte ich überrascht.

Raphael nickte.

»Warum?«, fragte ich neugierig.

»Keine Ahnung, der Herr Richter redet nicht gerne darüber«, sagte Raphael. »Wahrscheinlich hat er sie betrogen. Er hat immer eine Menge Weiber, Sekretärinnen und Praktikantinnen und so. – Ich habe keine Ahnung, jedenfalls ging sie eines Tages nach Amerika und blieb dort.«

»Und was war mit dir?«, fragte ich.
»Was meinst du?«, fragte Raphael zurück.
»Hat sie denn gar nicht an dich gedacht?«
Raphael schüttelte den Kopf. »Am Anfang hat sie mir geschrieben, aber irgendwann hat sie das sein lassen. Sie hat jetzt eine neue Familie.«
»So ein verdammter Mist«, murmelte ich niedergeschlagen.
»Warum?«, fragte Raphael ungerührt. »Ich hatte eine Menge Kinderfrauen, ich war ja nicht alleine.«
»Na ja«, sagte ich skeptisch.
Wir schwiegen eine Weile.
»Ich möchte gar keine Freundin haben«, sagte Raphael schließlich. »Liebe ist ein ziemlicher Blödsinn. Aber zum Rumvögeln braucht man die Weiber halt, so hält es mein Vater auch. Ich finde das okay.«
Wir schwiegen wieder. Ziemlich lange diesmal. Ich glaube, es war uns beiden ein bisschen unangenehm, wie nah wir uns bei diesem kurzen Gespräch gekommen waren. Wir redeten jedenfalls nie wieder über Raphaels Mutter.

Kurz vor den Weihnachtsferien erfuhr ich endlich, warum Aljoscha in der letzten Zeit so beschäftigt gewesen war und sich kaum noch bei uns hatte blicken lassen.
»Er muss schließlich proben«, sagte Raphael gleichmütig.
»Was muss Aljoscha denn proben?«, fragte ich verwirrt.
»Für den Orchesterauftritt natürlich«, erklärte Raphael ungeduldig.

Ich verstand kein Wort. »Was für ein Orchester?«
Wir saßen auf dem kleinen Mäuerchen hinter der Schule und warteten auf Franz.
»Jetzt sag bloß, du weißt nicht, dass Aljoscha der beste Geigenspieler der Schule ist?«, fragte Raphael ungläubig.
»Was?« Ich konnte es nicht glauben.
Aber Raphael nickte. »Alle in seiner Familie machen Musik. Die erste Geige haben sie ihm in die Hand gedrückt, als er drei Jahre alt war, und seitdem spielt er. Er ist unheimlich gut, eine echte Begabung . . .«
»Aljoscha spielt Geige im Schulorchester?« Ich erinnerte mich daran, wie Aljoscha Franz in den Schlamm gedrückt hatte, um ihn im Schlamm *Klavier spielen zu lassen,* wie er immer wieder ängstliche Fünftklässer verhauen und mit seinem Elektroschocker gequält hatte.
Aljoscha war anscheinend wie ich – ein Gefühlsmonster der besonderen Art. Mir wurde schwindelig, ich lehnte mich gegen die Steinmauer.
»Was hast du?«, fragte Raphael verwundert. »Du bist ja totenblass.«
»Es ist nichts«, sagte ich erschöpft und verwirrt. Dann standen wir auf, und weil Franz mal wieder die Schule schwänzte, klauten wir einem kleinen Kerl aus der Fünften die Jacke und boxten ihm zum Abschied so in den Bauch, dass er benommen auf der nassen Straße sitzen blieb, als wir schließlich an ihm vorbei ins Schulhaus schlenderten.

Dann kam der Abend des Schulorchesterkonzerts. Die Aula war geschmückt und der Zuschauerraum voller Schüler, Lehrer und Eltern. Herr Bechstein war auch da und saß eine Reihe vor uns zwischen den Lehrern. Er drehte sich um, als wir uns hinter ihn setzten. Weil Raphael grüßte, grüßte ich auch, aber Herr Bechstein schaute uns nur ziemlich merkwürdig an. Da schaute ich schnell in eine andere Richtung. Schließlich entdeckte ich, durch all das Gewühle hindurch, Aljoscha.

Er stand mit seiner Geige vor einem hölzernen Notenständer und runzelte konzentriert die Stirn. Mit seinen langen, schmalen Fingern stimmte er sein Instrument.

Ich betrachtete wie hypnotisiert diese Finger und eine Menge wirrer Bilder zogen mir durch den Kopf, Bilder von Dingen, die Aljoscha sonst mit seinen Händen anstellte.

»Das ist übrigens Aljoschas Familie, die neuen Mozarts sozusagen«, flüsterte Raphael grinsend und zeigte auf eine kleine Gruppe Menschen, die mit hochmütigen Gesichtern mitten in der Menge standen und sich angeregt unterhielten.

Ich entdeckte auch Knut, der seine Klarinette in den Händen hielt, als wäre sie ein kostbares Juwel. Leander war natürlich ebenfalls da. Ich zuckte zusammen, Leander schaute gerade zu mir herüber. Schnell blickte ich in eine andere Richtung. Die ganze Aula summte vor Geräuschen, die Leute redeten aufgeregt miteinander, die Schüler des Orchesters stimmten ihre Instrumente oder liefen ruhelos hin und her, Frau Calmano war überall gleichzeitig und Herr Calmano, ihr Mann und gleichzeitig unser Musiklehrer und Leiter des Orchesters, sang gegen seine eigene Unruhe und Nervosität laut vor sich hin.

Dann ging es los und plötzlich wurde es sehr still unter den Zuhörern. Knut trat als Erster auf und spielte ein langes Solo, ein Klezmerstück, das traurig und vergnügt zugleich klang. Als er fertig war, bekam er einen langen Applaus. Knut lächelte und ging von der Bühne.

Raphael und ich klatschten nicht und ich spürte wieder, wie sehr ich Knut verabscheute. Er hatte mir Leander weggenommen, war so selbstsicher und überlegen. Nicht einmal fein gemacht hatte er sich für seinen Auftritt, nein, er war in seinen alten Jeans und einem zerknitterten weißen Hemd auf die Bühne marschiert.

»Mistkerl«, murmelte ich ärgerlich.

Dann kam Aljoscha auf die Bühne. Er war ungewohnt chic angezogen, ich erkannte ihn kaum wieder. Er verbeugte sich kurz und begann sofort zu spielen. Beim Spielen schloss er die Augen und sein Körper wiegte sich leicht im Takt seiner Musik.

Ich überlegte, was ihm jetzt wohl durch den Kopf gehen mochte. Sein Stück klang weich, sanft und betörend.

Es gab wieder viel Beifall.

Und dann stand plötzlich Franz auf der Bühne, ich hatte ihn gar nicht hinaufgehen sehen. Laut Programmzettel sollte er Liszts h-Moll-Sonate spielen.

Franz hatte seine Noten unter dem Arm und ging zum Klavier, sein Gesicht war ganz ruhig. Ungewohnt ruhig. So

hatte ich Franz noch nie erlebt. Als er zum Klavier ging, wirkte es auf mich, als erobere er es. Ich runzelte die Stirn. Wie selbstbewusst der kleine Russe auf einmal wirkte.
Plötzlich stand Raphael auf und zog mich mit sich. Er schaute Franz fest an und fing an, sehr langsam und sehr eindrücklich zu klatschen. Ich machte es Raphael nach und sofort standen noch ein paar andere auf und klatschten nun ebenfalls: Frau Klinka und Frau Messerschmidt, Herr Bechstein, Frau Calmano, Knut, Franz' Eltern und Leander, der misstrauisch zu mir und Raphael herübersah.
Und Franz? Franz stand starr neben dem Klavier, die Noten waren ihm aus den Händen gefallen und er schaute mich und Raphael verzweifelt an. Und dann rannte er plötzlich davon. Stumm und bleich. Wie ein gehetztes Tier. Ein großer Tumult brach aus und Herr Calmano ging verwirrt zu dem verwaisten Klavier, wo Franz' Noten auf der Erde verstreut lagen.
»Tja«, sagte er zögernd und sammelte die Blätter ein. »Da hat Franz wohl das Lampenfieber überwältigt. Schade, wirklich schade, uns entgeht dadurch ein ganz wunderbares Musikerlebnis. – Aber vielleicht im nächsten Jahr. Franz war der Aufregung dieses Auftritts wohl noch nicht gewachsen ...«
Dann nahm das Konzert seinen Fortgang. Aber ich war nicht mehr bei der Sache. Immer wieder schaute ich auf die drei leeren Plätze, auf denen Knut, Leander und Knuts Urgroßvater gesessen hatten. Sie hatten gleich

nach Franz die Aula verlassen, zusammen mit Franz' erschrockenen Eltern. Ich saß stumm da, neben Raphael, und fühlte mich seltsam bleiern, einsam und bösartig.
Nach dem Konzert, als wir vor der Aula auf Aljoscha warteten, trat plötzlich jemand zwischen Raphael und mich und packte uns grob am Arm. Es war Herr Bechstein.
»Was soll das?«, fauchte ich erschrocken und befreite meinen Arm aus seinem Klammergriff. Auch Raphael machte sich los.
»Ich habe ein Auge auf euch«, sagte Herr Bechstein leise. »Und ich warne euch – treibt es nicht zu weit, der Boden ist bereits heiß . . .«
Damit ging Herr Bechstein davon und wir starrten ihm wütend hinterher.
»Was zum Teufel sollte denn das jetzt?!«, fragte Raphael gereizt.
Ich zuckte stumm mit den Achseln. Allmählich schüttelte ich den Schreck über Herrn Bechsteins Warnung wieder ab. Danach zwang ich mich nicht mehr an die Sache zu denken. Raphael vergaß den Auftritt des misstrauischen Sozialarbeiters im selben Moment, als dieser davonging. So war Raphael eben.

Dann kamen die Weihnachtsferien. Konrad kaufte einen Tannenbaum und schmückte ihn alleine, während meine Mutter auf dem Sofa lag und ihm niedergeschlagen dabei zuschaute. Das Baby machte immer noch Probleme. Solange meine Mutter lag, gab es Ruhe, aber sobald sie aufstand und versuchte, ein bisschen so zu tun, als wäre alles halb so schlimm, krümmte sie sich gleich vor Schmerzen und das Baby schwebte jedes Mal sofort in Gefahr, viel zu früh auf die Welt zu kommen.

Ich verbrachte eine Menge Zeit in meinem Zimmer und dachte über mein Leben nach. Die Krähenkacke auf meinem Fenster war verschwunden, unsere neue Putzfrau, die Konrad eingestellt hatte, hatte sich darum gekümmert und anschließend hatte Konrad einen schwarzen Kleber in Form eines fliegenden Vogels auf die Scheibe geklebt.

»Was soll denn das?«, fragte ich ärgerlich. »Das sieht hässlich aus.«

»Es hält die Krähen von deinem Fenster fern«, erklärte Konrad und versuchte freundlich zu grinsen.

»So ein Unsinn«, murrte ich.

»Hat dir die Kacke besser gefallen?«, fragte Konrad sofort ungeduldig. »Du brauchst den Plastikvogel nur abzuziehen, dann hast du bald wieder dein altes Fenster.«

»Ist ja schon gut«, murmelte ich.

»Na also«, sagte Konrad und ging zur Tür. »Ach, Sammy«, sagte er dann und drehte sich noch einmal um.

»Was denn noch?«, fragte ich gereizt.

»Im neuen Jahr müssen wir dein Zimmer ein bisschen verkleinern, nur den einen Winkel, wo jetzt deine Regale stehen.«

»Warum, was soll das?«, fuhr ich ihn wütend an. »Das ist meine Bude, Doktor.«

»Wir werden einen Erker an die Giebelseite setzen lassen, Anuschka und Sophia brauchen auch ein Zimmer in diesem Haus.« Konrad seufzte. »Und als ich neulich hier oben war, um das Zimmer auszumessen, habe ich deinen Schrank zur Seite schieben müssen. Dabei habe ich dann deine . . . na, sagen wir, deine neue Videosammlung entdeckt.«

Mir wurde schwarz vor Augen.

»Sammy, da waren schlimme Sachen dabei. Weißt du eigentlich, dass diese Filme zum größten Teil verboten sind? Wo hast du dieses perverse, illegale Zeug eigentlich her?«

Ich schwieg.

»Sammy . . .«

Ich schwieg beharrlich weiter.

»Was bist du nur für ein Junge, warum bist du bloß so verkorkst?«, fuhr Konrad mich wütend an. »Begreifst du eigentlich, was du dir da anschaust? Kapierst du nicht, wie brutal, frauenverachtend und kriminell diese Filme sind? – Und so was macht dich an, Sammy? Gewalt, Demütigung, Perversion?«

Ich starrte durch ihn hindurch an die Wand und dachte für einen Augenblick an Anuschka, die mir ihre Küsse und ihren Körper für Geld angeboten hatte. Ob ich Konrad mal davon erzählen sollte? Aber ich ließ es bleiben. Konrad starrte mich noch eine Weile verwirrt und böse an, dann ging er wortlos nach unten.

Die Filme waren natürlich alle miteinander verschwunden. Ich hatte es im Grunde nicht anders erwartet. Ich legte mich auf mein Bett, rollte mich ganz klein zusammen, meine Augen brannten, aber ich weinte nicht. Ich lag einfach da, verbot mir, an die Dinge zu denken, die ich in den letzten Monaten mit Raphael, Aljoscha und Christian unternommen hatte, und döste irgendwann, benommen und leer im Kopf, ein.

Abends, als Konrad zum Nachtdienst in die Klinik gefahren war, ging ich hinunter zu meiner Mutter.

»Hallo, Mama«, sagte ich leise und setzte mich auf das bunte Sofa. Der Tannenbaum stand geschmückt im Zimmer, morgen war Heiligabend.

»Hallo, Sammy«, sagte meine Mutter.

»Wie geht es dir?«, fragte ich und musste immerzu auf ihren Bauch starren.

»Es geht, danke«, sagte meine Mutter. »Die Tabletten machen mich etwas müde und benommen.«

»Wie lange musst du dieses Zeug denn noch schlucken?«

Meine Mutter zuckte ratlos mit den Achseln.

»Wie war das eigentlich, als du – mit mir . . . schwanger warst?«, fragte ich plötzlich und war selbst erschrocken über meine Frage. Mir wurde schwindelig vor Verlegenheit.

»Was meinst du?«, fragte meine Mutter verwundert.

»Na, hattest du damals auch – solche Probleme, musstest du dauernd liegen und Medikamente schlucken?«

Wir sahen uns an.

»Erzähl doch mal«, bat ich ungeduldig. »Wie war das alles damals, mit Papa und dir? Wie habt ihr euch kennengelernt, wann habt ihr euch zum ersten Mal – geküsst? Wie war mein Vater, als er sich in dich verliebt hat?«

Meine Mutter schaute gedankenverloren vor sich hin.

»Ach, das ist alles so lange her, Sammy«, murmelte sie schließlich.

»Nun sag doch mal!« Ich schrie es beinahe.

Aber meine Mutter wollte nicht darüber reden. Sie hatte auch früher nur wenig über meinen Vater geredet. Aber seit sie Konrad kannte, schien sie endgültig einen Schlussstrich unter diese Zeit von damals gezogen zu haben.

Dafür wollte sie jetzt über mich reden. Über mich und meine selbst gewählte Einsamkeit, meinen Streit mit Leander – und über Karlotta.

»Woher weißt du von Karlotta?«, fuhr ich sie böse an. »Hast du Leander angerufen, hast du ihn über mich ausgefragt?«

»Ich mache mir doch nur Sorgen«, erklärte meine Mutter und hatte plötzlich rote Flecken im Gesicht vor Nervosität.

»Du spinnst wohl!«, schrie ich verzweifelt. »Ich verbiete dir, mir nachzuspionieren.«

»Ich habe dir nicht nachspioniert«, schrie meine Mutter zurück. Wir starrten uns wütend an.

»Du hast dich sehr verändert«, schrie meine Mutter.

»Was tue ich denn, verflixt?«, schrie ich.

»Wenn ich das nur wüsste!«

»Du beachtest mich ja gar nicht mehr! Wie solltest du da auch noch etwas von mir wissen!«

»Das ist nicht fair!«

»Was ist hier schon fair?!«

Dann weinte meine Mutter, erinnerte sich an ihren Bauch, presste beruhigend eine Hand auf ihr neues Kind und ich stürzte mal wieder verzweifelt davon.

Ich rannte wie ein Verrückter durch die Straßen und wusste nicht, wohin mit mir und meiner wahnsinnigen Wut. Meine Oma war tot, mein Opa war weit weg, ebenso meine Tante Katharina und ihr Mann Frederic.
Leander hatte Knut, Karlotta hatte einen neuen Freund, Aljoscha mit seiner Geige war mir unheimlich geworden und Raphael war mit seinem Vater über Weihnachten zu Verwandten nach Österreich gefahren.
Schließlich ging ich zu Christian.
»Hast du Zeit?«, fragte ich und lehnte erschöpft im Türrahmen.
»Eigentlich nicht«, sagte Christian, aber dann ließ er mich doch hinein und wir gingen in sein Zimmer.
Ich schaute mich um. Christians Zimmer sah ungewöhnlich aus, wie die ganze Wohnung. Die Einrichtung seines kleinen Zimmers bestand aus alten, verschnörkelten Möbeln, wie nicht mal meine Großeltern sie gehabt hatten. Ich entdeckte eine Sitzgarnitur und einen niedrigen Couchtisch, einen bemalten Bauernschrank, ein altertümliches Spinnrad und ein staubiges Vertiko, beladen mit Zinngeschirr und Nippesfigürchen. Dazwischen Christians ausladender Schreibtisch und eine unordentliche, zerwühlte Matratze. Auf dem Schreibtisch stand ein großer Computer mit einem riesigen Monitor.

»Was machst du gerade?«, erkundigte ich mich.

»Was ich immer mache«, sagte Christian und setzte sich zurück an seinen Schreibtisch.

»Yuki?«, fragte ich sarkastisch und versuchte zu grinsen. Aber es war, als hätte ich in der Zwischenzeit sogar das Grinsen verlernt. Mein Gesicht spielte einfach nicht mit. Was ein ironisches Grinsen hätte werden sollen, wurde zu einer unheimlich angestrengten, starren Grimasse. Ich spürte, wie grotesk ich geworden war. Und die Wut in mir drin wurde nur umso größer.

Christian schüttelte den Kopf und setzte sich eine merkwürdige Brille auf die Nase. »Nicht Yuki. – Ich habe Sex«, erklärte er geheimnisvoll.

»Was?«, fragte ich.

»Ich habe im Internet ein Sexprogramm gefunden, mit dem ich alles Mögliche ausprobieren kann. Da läuft dir der Saft förmlich über, Bruder.«

»Du machst Sex mit einem Computerprogramm?«, fragte ich verwirrt.

Christian nickte, dann sagte er nichts mehr, sondern saß ganz still da und schaute durch diese rätselhafte Brille hindurch ins Nichts.

Ich hockte mich auf den Boden und starrte Christians Rücken an. Es war totenstill im Zimmer und irgendwann bekam ich Angst. Eine diffuse Angst, keine Ahnung, wovor, aber sie war einfach da und rüttelte an mir. Ich zitterte, wahrscheinlich, weil ich fror. Jedenfalls begann ich, ein paar unauffällige Geräusche zu machen, ich räusperte mich, hustete einmal, ich rutschte ein bisschen hin und her und suchte mir eine bequemere Sitzposition, einfach nur, um der Unwirklichkeit zu entkommen.

Christian rührte sich nicht. Nur einmal zuckte er zusammen, dann war Schluss. Christian nahm behutsam die Brille ab, verstaute sie in einem weichen Mäppchen und drehte sich dann zu mir um. Er grinste breit und fuhr sich über den kurz geschorenen Kopf.

»Bist du fertig?«, fragte ich unsicher.

»Ja«, sagte Christian und stellte den Computer ab.

»Was . . . was hast du – denn jetzt genau getan?«

»Ich habe eine Frau befummelt«, erklärte Christian grinsend. »Das törnt ganz schön an, kann ich dir sagen.«

»Zeigst du mir mal, wie das funktioniert?«, fragte ich benommen.

Christian schüttelte den Kopf.

»Warum nicht?«

»Das ist mein Programm, Kumpel«, erklärte er knapp.

»Und was ist mit Yuki?«

»Die ist tot.«

»Tot?« Ich war fast ein bisschen erschrocken.

»Ich hatte keinen Bock mehr auf Yuki«, sagte Christian. »Da habe ich sie verhungern lassen, sie ging mir auf die Nerven.«

Wir saßen eine Weile stumm da.

»Morgen ist Weihnachten«, sagte ich schließlich, obwohl das ja eine bekannte Tatsache war und nichts weiter Besonderes.

»Wir feiern nie Weihnachten«, sagte Christian gleichgültig. »Meine Eltern sind Zeugen Jehovas.«

»Ach so«, murmelte ich und fühlte mich immer elender, warum, wusste ich nicht. – Und dann beschloss ich, Leander zu besuchen.

Es hatte angefangen zu schneien, die Luft war schneidend kalt. Ich rannte und rannte und mir tat die Brust weh vom Laufen. Auf dem Weg zu Leander schwenkte ich dreimal ab und rannte in eine Seitenstraße, weil es mir immer wieder wie Wahnsinn erschien, tatsächlich zu Leander zu gehen. Nach so langer Zeit und allem, was vorgefallen war.
Irgendwann stand ich dann vor Leanders Haus. Ich spähte nach oben. In Leanders Zimmer brannte Licht. Hoffentlich waren seine Eltern noch in ihrer Kanzlei.
Ich lehnte mich eine Weile erschöpft an die Haustür. Zweimal ging die Tür auf. Ich zuckte entsetzt zusammen. Es waren irgendwelche Nachbarn, die mir zulächelten, weil sie mich noch von früher kannten. Das tröstete mich ein bisschen, wenigstens äußerlich war ich anscheinend noch der Gleiche geblieben.
Es schneite nicht mehr, aber auf der Erde lag ein millimeterdünner weißer Flaum. Schön sah das aus. Ich atmete tief durch und klingelte. Es dauerte eine Ewigkeit, bis oben ein Fenster geöffnet wurde. Ich trat einen Schritt auf den Gehweg hinaus und sah nach oben. Es war tatsächlich Leander, der aus dem Fenster schaute.
Ich hielt die Luft an.
»Knut, bist du das?«, rief Leander.
»Nein . . .«, stotterte ich. »Ich bin's, Sammy.«

Es war einen Augenblick still.
»Sammy?«, fragte Leander dann verwundert.
»Ja.«
»Was willst du denn hier?«
Ich schluckte unsicher.
»Ich weiß nicht . . .«, sagte ich leise.
»Was?«, rief Leander.
»Nichts«, sagte ich.
Wieder Stille.
»Willst du vielleicht hochkommen?«, fragte Leander schließlich.
»Ich bin nicht sicher«, sagte ich und fühlte mich wie ein Idiot.
»Ich drücke mal«, sagte Leander und schloss das Fenster. Gleich darauf summte der Türöffner. Unsicher stieg ich in den dritten Stock hinauf und bekam kaum Luft vor Nervosität.
Schließlich standen wir uns gegenüber.
»Dass du noch mal hierher kommst«, sagte Leander kopfschüttelnd.
Ich schaute auf den Boden und auf meine nassen Schuhe.
»Komm rein«, sagte Leander.
Ich nickte und wir gingen in sein Zimmer. Ich hätte den Weg mit geschlossenen Augen gefunden. Alles war mir vertraut. Die voll gehängte Garderobe im Windfang, der knarrende Boden, der Flur, der um die Ecke ging, die vorstehende Truhe neben der Tür zum Wohnzimmer. *Lieber Leander, warum sind wir nur keine Kinder mehr? Weißt du noch, wie wir in eurer dunklen Wohnung auf Geister-*

jagd gegangen sind? Damals war ich noch völlig in Ordnung . . .

Natürlich hielt ich meinen Mund. Wir saßen einander gegenüber und Leander schaute mich merkwürdig an.

»Also, warum bist du gekommen?«, fragte er nach einer Weile.

»Ich weiß nicht«, murmelte ich.

Wir schwiegen wieder.

»Mir geht's schlecht, Leander«, würgte ich schließlich verzweifelt hervor.

Leander kniff die Augen zusammen. »In der Schule wirkst du meistens ziemlich heiter«, sagte er kühl.

Ich schwieg. Ich machte mich mal wieder lächerlich, diesmal vor Leander. In mir brodelte es. Ich sehnte mich danach, Leander von meinen Pornonächten zu erzählen, meiner unheimlichen Geilheit, die mich mürbe machte, meinen Machtfantasien und von den Dingen, die ich tat, um mich abzureagieren, mich zu spüren, mich zu behaupten. Aber es war ja alles sinnlos, Leander betrachtete mich mit Widerwillen – das war nicht zu übersehen. Ob er ahnte, was ich die ganze Zeit trieb?

»Meine Mutter hat geheiratet«, murmelte ich schließlich. »Jetzt kriegt sie auch noch ein Kind.«

Leander nickte. »Ich weiß, sie hat ein paarmal hier angerufen.«

»Ach ja«, sagte ich matt. »Das hatte ich vergessen, diese blöde Kuh.«

»Sie macht sich Sorgen um dich«, sagte Leander.

Ich winkte ab.

Es wurde wieder still.

»Du hältst mich für einen Scheißkerl, hab ich recht?«, fragte ich mitten in diese schreckliche Stille hinein.

Leander schaute mich zögernd an und zuckte schließlich mit den Achseln.

»Sammy . . .«, begann er, mit einer Stimme, die ebenso merkwürdig war wie die Blicke, mit denen er mich betrachtete.

»Ist schon gut, Leander«, unterbrach ich ihn eilig.

»Sammy, ich . . .«

Ich schüttelte den Kopf. »Es war dumm von mir, dass ich hierher gekommen bin«, sagte ich kühl.

Dann stand ich auf und ging hinaus.

Unten vor der Haustür prallte ich direkt mit Knut zusammen.

»Was machst du denn hier?«, fragte Knut überrascht. »Warst du bei Leander?« Er musterte mich und seine Stimme klang so, als wäre es jenseits seiner Vorstellungskraft, dass so einer wie ich zu Leander ging.

»Leck mich doch am Arsch, du Erzengel!«, fauchte ich hasserfüllt und trat den Rückzug an. Kraftlos wie ein alter Mann schlurfte ich nach Hause.

Nach den Winterferien war Aljoscha wieder ganz der Alte. Er erwähnte mit keinem einzigen Wort seine Geige und seinen Orchesterauftritt in der weihnachtlichen Aula. Und von Tag zu Tag verblasste meine Erinnerung an Aljoschas geschlossene Augen und seine schmalen Finger, die wie in sanftem Tanz über die Saiten der Geige geflogen waren, mehr. Irgendwann war diese Erinnerung vollkommen grotesk geworden.

Aljoscha brachte auch wieder seinen Elektroschocker mit, mit dem wir ein paar kleine Schüler in der Pause oder auf dem Schulweg ärgerten. Wir kamen so zu noch größeren Summen Kleingeld.

Dann passierten zwei Dinge:

Die Sache mit Britta und die Sache mit Felix.

Britta erzählt . . .

Sammy und ich

Wie ich in die ganze Sache verwickelt wurde, weiß ich gar nicht mehr genau. Ich war an Aljoscha aus der 9b interessiert und da dachte ich, es wäre gut, ein bisschen öfter mit Sammy und Raphael zusammen zu sein, weil die beiden ja mit Aljoscha ziemlich gut befreundet waren.
Aber Aljoscha machte sich nichts aus mir. Das war ein komisches Gefühl, ich hatte geglaubt, es wäre nicht weiter schwierig, Aljoscha dazu zu bringen, sich für mich zu interessieren. Es ist ja vielleicht ein bisschen peinlich, das zuzugeben, aber ich war in diesem Winter unbedingt darauf aus, etwas mit einem Jungen anzufangen. Ich sehnte mich richtig danach. Und als es mit Aljoscha und mir nichts wurde, ließ ich mich eben mit Sammy ein.
Sammy war ein bisschen komisch, noch ziemlich kindlich und eigentlich gar nicht mein Typ. Aber er war richtig wild nach mir. Dauernd knutschte er mich ab und fummelte an mir herum. Manchmal ging mir das ein bisschen zu weit, aber es war auch ganz witzig, wie scharf ich ihn anscheinend machte. Jedenfalls gingen wir miteinander

und so kam es, dass ich oft mit allen vier Jungs rumzog. Meine Eltern waren nicht gerade begeistert. Sie fanden, ich würde das alles überstürzen, und sie hatten vor allem Angst davor, ich könnte mit Sammy schlafen. Aber das war eine absurde Idee. Sammy kam gar nicht auf so was. Er knutschte und fummelte zwar gerne, aber mehr traute er sich nicht. Eigentlich durfte ich seinen Körper gar nicht richtig anfassen, er war ziemlich verklemmt.

Sammy, Aljoscha, Raphael und Christian hatten ein ziemlich merkwürdiges Hobby. Sie erklärten mir, sie hätten einfach Spaß daran, sich ein bisschen Respekt zu verschaffen, da sei gar nichts weiter dabei. Manchmal ließen sie mich mitkommen, wenn sie so durch die Gegend zogen, und manchmal wollten sie lieber alleine für sich sein.

Ich gebe zu, dass es mir Spaß machte, ihnen bei ihren Aktionen zuzuschauen. Ich fand es lustig, wie sie die Kleinen aus den unteren Klassen erschreckten, und die Kleinen gaben uns ihr Taschengeld direkt gerne.

Die Jungen teilten alles, was sie einnahmen, mit mir. Und weil meine Eltern nicht so sehr viel Geld verdienen, war ich natürlich froh darüber.

Heute weiß ich, dass das nicht gut war, aber im letzten Winter hat es mir schon Spaß gemacht, warum, weiß ich eigentlich auch nicht. Vielleicht einfach, weil es verboten war. Oder weil man dabei ganz gut seinen eigenen Frust und seine Niedergeschlagenheit loswerden konnte.

Felix erzählt . . .

Mein Rollstuhl

Ich leide unter einer Muskelkrankheit, praktisch schon seit meiner Geburt. Ich habe nie laufen können.
Als kleines Kind bin ich gekrabbelt und war auch, wie jedes normale Baby, wild entschlossen, laufen zu lernen. Ich habe mich an Stuhl- und Tischbeinen hochgezogen und bin triumphierend auf meinen wackeligen, dicken Babybeinen gestanden. Aber meine Muskeln begannen bereits, ihren Dienst aufzugeben. Ich setzte mich ziemlich schnell wieder erschöpft und ratlos hin und gab die Laufenlernerei auf.
Ich kann mich also gar nicht daran erinnern, jemals auf meinen eigenen Beinen gestanden zu haben, deshalb war ich früher auch nie besonders traurig über meine Behinderung. Ich kenne es ja nicht anders.
Trotzdem habe ich an meiner Pinnwand ein Foto, auf dem ich an ein braunes Stuhlbein festgeklammert dastehe, mit sehr zufriedenem Gesicht und sechs winzigen Milchzähnen in meinem grinsenden Mund.
Manchmal fällt mein Blick ganz zufällig auf dieses Bild

und dann vergleiche ich die dicken, stämmigen Babybeine auf dem Foto mit den dünnen, kraftlosen Beinen, die ich heute habe. Manchmal bin ich also doch traurig, aber das kommt nur selten vor. Normalerweise nehme ich mich so, wie ich eben bin – im Rollstuhl.

Ich bin mit sechs Jahren in eine ganz normale Schule gekommen und mit zehn Jahren auf ein ganz normales Gymnasium. Ich habe einen prima Rollstuhl, mit dem ich sehr gut zurechtkomme und schnell herumflitzen kann. Ich hatte immer Freunde in der Schule, ich glaube, ich bin ziemlich kontaktfreudig, und meine Eltern hatten auch immer Zeit für mich, wenn es mal Sorgen oder Probleme gab.

Und Sorgen und Probleme hatte ich jede Menge, als Sammy und seine Freunde mir aufzulauern begannen.

Aber genau damals fing ich leider gerade an, meine Sorgen für mich zu behalten. Es fing nicht an, als Sammy mich zu quälen begann. Es fing schon vorher an. Und wenn dieses Vorher nicht gewesen wäre, hätte ich wahrscheinlich eine ganze Menge anders gemacht. Ich meine, ich hätte nicht so lange den Mund gehalten. Aber ich war ohnehin ziemlich verunsichert und niedergeschlagen in diesem Jahr.

Ich veränderte mich. Plötzlich hatte ich nur noch wenig Lust auf lange Spieleabende mit meinen Eltern, genauso wenig Lust hatte ich auf Theater, Kino, Konzerte oder Fernsehen. Stattdessen verliebte ich mich in Laura, ein Mädchen aus meiner Klasse. Natürlich wusste Laura nichts davon, es wäre mir nicht im Traum eingefallen, ihr meine Gefühle irgendwie mitzuteilen, aber ich lag nächtelang wach, dachte an sie, streichelte meinen unruhigen Körper, starrte die Wände an, hatte Tagträume, in denen Laura meine Freundin war und wir eng umschlungen über eine warme Wiese rollten.

Meine Eltern löcherten mich, was denn mit mir los wäre, sie machten sich Sorgen, weil ich so schlapp und antriebslos und schlecht gelaunt war. Ich weigerte mich, in meine Krankengymnastikstunden zu gehen. Ich ging überhaupt nicht mehr viel aus dem Haus. Eigentlich tat ich so gut wie gar nichts. Ich war einfach nur furchtbar verliebt und furchtbar niedergeschlagen und sehr ratlos. Irgendwann ertappte ich meine Mutter dabei, wie sie in meinem Zimmer herumstöberte und nach Indizien suchte, die ihr helfen würden, hinter den Grund meines Frustes zu kommen.

Es gab dann einen Riesenstreit und ich war furchtbar böse auf meine Eltern. Ich verstand doch selber nicht, warum ich mich so einigelte. Aber dann verstand ich es eines Tages doch. Ich war auf dem Weg zur Schule und fuhr an einer Reinigung vorüber. Mein Spiegelbild im blanken Fenster rollte, wie immer, stumm neben mir her, als ich jäh abbremste und mich von Kopf bis Fuß wütend betrachtete. Ich verstand plötzlich, warum ich mich so verändert hatte, warum es mir so mies ging: Ich konnte mich, zum ersten Mal in meinem Leben, nicht leiden.

Ich betrachtete meinen Rollstuhl, meine Schultern, die darin lehnten, meine rudernden Arme, die ihn vorwärts bewegten, meine dünnen Beine, die gar nichts taten.

Lauras wegen und meiner Gefühle wegen wollte ich, verdammt noch mal, nicht länger der sein, der ich war. Natürlich hatte ich immer gewusst, dass ich in den Rollstuhl und der Rollstuhl zu mir gehörte. Aber so richtig realisiert hatte ich es wohl nicht. Ich hatte es einfach als gegeben hingenommen. Ich war ja auch immer gut klargekommen – mit dem Rollstuhl, mit meiner Behinderung, mit meinen kranken Muskeln. Aber jetzt wollte ich nur noch eins: meine Arme um Laura legen, mit ihr durch die Stadt schlendern, zum Fluss hinuntergehen und sie dort küssen – eben ganz und gar normal sein.
Und davon war ich meilenweit entfernt.
Diese Erkenntnis machte mich richtiggehend krank. Ich hasste meinen Körper und verachtete meine Behinderung. Ich verbot mir, noch länger an Laura zu denken, ich vermied es, meinen Körper zu berühren. Ich fand das Leben sinnlos und mich darin ganz und gar überflüssig. Ich wurde immer unglücklicher und einsamer.

Sammy erzählt . . .

Felix

Es war im Januar, wir hatten aufgehört, Franz nachzustellen und ihm Geld abzuknöpfen.
»Warum schonen wir eigentlich plötzlich diesen Russen?«, fragte Christian eines Tages unzufrieden.
Ich schwieg und schaute auf den Boden.
Aber Raphael schwieg nicht. »Sammy hat Angst vor seinem Leanderdarling, seit der den Russen vor uns bewacht«, sagte er und lächelte spöttisch. »Ist es nicht so, Sammy?«
Ich sagte immer noch nichts und legte stattdessen meinen Arm um Britta und vergrub mein Gesicht an ihrer Schulter.
»Müsst ihr eigentlich immer knutschen?«, fragte Christian sofort. »Das geht mir ziemlich auf die Nerven.«
Wir waren auf dem Schulhof. Frau Klinka und Frau Calmano hatten die Pausenaufsicht und waren in ein Gespräch vertieft. Herr Bechstein spielte mit ein paar Kleinen Tischtennis.
»Der Arsch ist ja immer noch da«, murmelte Raphael kopfschüttelnd.
Aljoscha lächelte nachsichtig. »Because the terror goes

on, brother«, sagte er und ließ den Elektroschocker in seiner Tasche ein paarmal leise piepsen.

Mir war ein wenig mulmig zumute, aber ich hielt meinen Mund. Die anderen hätten mich sicher nur ausgelacht, wenn ich ihnen anvertraut hätte, wie unruhig mich die Anwesenheit dieses misstrauischen Sozialarbeiters in der letzten Zeit machte.

Also starrte ich stumm zu Boden und dachte mich einfach weit weg. Das hatte ich als kleines Kind auch manchmal getan. Dieses Wegsein, wenn man eigentlich mittendrin war, war ein beruhigendes Gefühl.

Britta stand neben mir, ich konnte den Duft ihrer frisch gewaschenen Haare riechen. Britta war ganz anders als Karlotta. Ich war eigentlich nicht so besonders in sie verliebt. Aber ich hatte es bei ihr immerhin geschafft, sie mochte mich, sie war meine Freundin geworden. Ich konnte es immer noch nicht ganz glauben. »Du bist niedlich, ich mag dich . . .«, hatte Britta eines Abends zu mir gesagt und sich an mich gekuschelt.

Ich wurde stocksteif vor Verlegenheit.

»Magst du mich auch?«, fragte Britta und schaute mich mit gerunzelter Stirn an.

»Ja, natürlich«, murmelte ich nervös. Dann küssten wir uns zum ersten Mal. Eigentlich verrückt, dass Britta sich etwas aus so einem wie mir machte.

Ich fand das Küssen schwierig und ganz anders, als ich es mir immer vorgestellt hatte. Ich meine, es gab mir nicht viel. Mittendrin hatte ich dauernd das Gefühl, dringend schlucken zu müssen, und dann wurde ich jedes

Mal ziemlich hektisch und versuchte, den Kuss so schnell wie möglich zu beenden.

Ich wurde von Tag zu Tag gereizter.

Trotzdem trafen wir uns jeden Nachmittag, aber meistens waren zum Glück die anderen dabei. Ich hatte nämlich eine Heidenangst davor, was Britta vielleicht mit mir anstellen wollte, wenn wir allein wären. Ich dachte an Raphaels Filme und fühlte mich völlig überfordert.

»Also los . . .«, sagte Aljoscha gerade. Ich schaute verwirrt hoch. Für eine kurze Weile hatte ich völlig vergessen, wo ich war.

»Was habt ihr vor?«, fragte ich, weil die anderen die Köpfe zusammensteckten.

»Ziehen wir doch hier eine Nummer ab, direkt vor Frau Klinkas Nase, das wird ein Spaß!«, drängte Christian und rieb sich die kalten Hände.

Die anderen nickten, Britta schob ihre Hand in meine.

»Und wen wollen wir klatschen?«, fragte Christian und trat ungeduldig von einem Fuß auf den anderen.

»Dahinten steht Felix«, sagte Britta plötzlich und zeigte zu der kleinen Hofnische bei den Toiletten.

»Der Krüppel?«, fragte Aljoscha.

»Felix hat zurzeit Liebeskummer«, erklärte Britta geheimnisvoll.

Christian musterte sie skeptisch. »Woher willst ausgerechnet du das wissen?«, fragte er misstrauisch.

»Ich weiß es von Laura«, gestand Britta. »Sie ist sich sicher, dass Felix in sie verliebt ist. Er starrt sie immer so merkwürdig an.«

»Sieh an, sieh an«, murmelte Raphael beeindruckt. »Der Krüppel ist also in Laura verliebt, igitt.«

»Also los?«, fragte Christian. »Wenden wir Felix, dem Krüppel, unsere Aufmerksamkeit zu?«

»Also los«, nickte Aljoscha zufrieden und wieder piepste es in seiner Tasche.

Gleich darauf schlenderten wir über den lauten, bevölkerten Schulhof.

»Hallo, Felix«, sagte Aljoscha freundlich.

»Hallo«, sagte Felix und schaute zu uns auf.

»Warum sitzt du denn hier so alleine?«, fragte Raphael.

»Nur so«, antwortete Felix kurz angebunden.

»Ich denke, an dieser Schule werden Krüppel so hervorragend integriert?«, sagte Christian sanft.

»Was soll das?«, fragte Felix misstrauisch.

»Wir machen uns Sorgen um dich, Herzchen«, erklärte Raphael.

»Hört auf mit dem Zirkus«, fuhr Felix ihn an.

»Nein, nein, nein«, sagte Aljoscha. »Wir wollen sicher sein, dass du nicht im sozialen Abseits stehst, Krüppel.« Er packte die Rollstuhlgriffe.

»Lass das«, schimpfte Felix ärgerlich.

»Wir bringen dich nur ein bisschen zum Puls der Zeit«, erklärte Aljoscha.

»Ich will nicht, lasst mich gefälligst in Ruhe, ihr Idioten.«

»Na, na«, murmelte Raphael. »Wer wird denn gleich schimpfen wie ein Rohrspatz?«

Wir schlängelten uns über den vollen Hof und stellten Felix' Rollstuhl im wildesten Getümmel ab.

Und dann packte Raphael Felix' Gesicht, so wie er damals Franz' Gesicht gepackt hatte.

»Lass mich«, murmelte Felix mühsam.

»Wirst du dich wohl bei uns bedanken?«, fragte Raphael freundlich. »Sieh mal, was für einen schönen Logenplatz wir dir besorgt haben – da ist es doch das Mindeste, dass du dich höflich bei uns bedankst.«

Aber Felix wollte sich nicht bedanken, wütend und stocksteif saß er da, während Raphael sein Gesicht zusammenquetschte, dass die Knöchel an seiner Hand weiß wurden.

Wir warteten ab.

Felix' Gesicht war verzerrt. Er ruderte nervös und hilflos mit seinen Armen, der Rollstuhl schwankte hin und her, die Reifen quietschten auf dem nassen Hofboden.

Plötzlich zog Aljoscha seelenruhig seinen Elektroschocker aus der Tasche, und nachdem er Felix damit dreimal auf die linke Schläfe getippt hatte, bedankte sich Felix bei uns.

Ich grinste und fühlte mich angenehm erregt. Plötzlich tauchte Herr Bechstein auf, seinen Tischtennisschläger hielt er noch in der Hand.

»Was ist denn hier los?«, fragte er atemlos und taxierte uns misstrauisch.

Es war einen winzigen Augenblick lang ganz still. Ich konnte sehen, wie Aljoscha mit einer fließenden Bewegung blitzschnell seinen Elektroschocker in die Jackentasche gleiten ließ.

»Nichts«, sagte er dann ruhig.

Herr Bechstein starrte uns der Reihe nach an.
Keiner sagte ein Wort.
»Felix, haben sie dir – etwas getan?«, fragte Herr Bechstein vorsichtig.
Felix saß blass und stumm da. Aber schließlich schüttelte er den Kopf.
»Wirklich nicht?«, fragte Herr Bechstein.
»Wirklich nicht«, murmelte Felix.
Wieder war es still. Ich hätte vor Erleichterung die ganze Welt umarmen können. Es würde alles gut gehen. Keiner an dieser Schule würde je den Mut haben, sich uns entgegenzustellen.
»Verschwindet in eure Klassen«, knurrte Herr Bechstein in unsere Richtung und sein Gesicht war immer noch misstrauisch und wütend.
»Mach dich mal besser ganz locker, du Schnüffler«, zischte Raphael und dann machten wir uns aus dem Staub.

Wir trafen uns nun regelmäßig mit Felix. Zuerst waren wir vorsichtig, weil wir uns nicht sicher waren, ob Felix nicht gemeinsame Sache mit Herrn Bechstein oder Frau Klinka machte. Aber nach und nach wurden wir mutiger.
Felix war ein prima Opfer.
Ich ging inzwischen zusammen mit Raphael in ein Sportcenter in der Stadt und trainierte dort regelmäßig.
Und ich verbrachte immer weniger Zeit zu Hause.
Gleich nach Neujahr waren Handwerker ins neue Haus gekommen und bauten mit viel Lärm, Staub und Radio-

musik das Dachgeschoss um. Ich wurde fast wahnsinnig von dem Lärm und der Unruhe.

Meiner Mutter ging es allmählich ein bisschen besser. Dafür war sie in der letzten Zeit unangenehm dick und schwerfällig geworden. Immerzu saß sie erschöpft im Wohnzimmer, starrte apathisch auf den Fernseher oder telefonierte mit Freundinnen.

Es machte mir keinen Spaß, zu Hause zu sein. Blieb ich ausnahmsweise doch einmal daheim, verschwand ich sofort in mein Zimmer, verriegelte die Tür, drehte die Musikanlage auf volle Lautstärke, legte mich aufs Bett und starrte stundenlang den schwarzen Klebeadler auf meiner Fensterscheibe an.

Konrad hatte recht behalten, die Krähen schienen den Adler zu fürchten. Mein Fenster blieb sauber.

Einmal klopfte Anuschka an meine Tür, aber ich ließ sie nicht herein. Schließlich hatte ich jetzt eine Freundin, ich brauchte nicht mehr zu bezahlen, wenn ich einen Mädchenkörper berühren wollte. Trotzdem brachte ich Britta niemals mit ins neue Haus. Ich wollte nicht, dass sie meine schwangere Mutter zu Gesicht bekam, und ich wollte auch nicht, dass Anuschka uns zusammen sah.

Auch vor Konrad wollte ich mir keine Blöße geben. Konrad wusste schließlich von den Filmen. Er wusste Bescheid über meine brutalen Neigungen und meine perversen Vorlieben. Ich war auf der Hut vor Konrad. Ich traute ihm nicht über den Weg.

Im Grunde traute ich niemandem mehr. Abgesehen von

Raphael, Christian und Aljoscha. Das schweißte mich, ohne dass ich das damals kapierte, noch fester mit ihnen zusammen.

Es überraschte mich aber, dass Britta die Dinge, die ich mit Raphael und den anderen unternahm, gefielen. Sie machte fast sofort mit und es erschreckte mich beinahe, wie begeistert sie bei der Sache war.

Außerdem hatte ich immer öfter den Eindruck, Britta wolle gerne bald mit mir schlafen, aber davor hatte ich eine Heidenangst. Dazu kam, dass mein blöder Pimmel mir in zweierlei Hinsicht Ärger machte. Das erste Problem hatte ich ja schon eine ganze Weile. Seit dem Frühling, als ich so viele Pornofilme geschaut hatte, war er immer leicht entzündet, blutete oft und tat mir weh. Manchmal schaffte ich es kaum zu pinkeln. Was war ich doch für eine Memme.

Das zweite Problem war, dass mein Pimmel zwar beim Pornogucken immer funktioniert hatte, aber seit ich mit Britta zusammen war, hielt er meistens still und tat, als gehöre er gar nicht zu meinem Körper. Ich hatte immer Angst, Britta könnte das mal mitbekommen und womöglich meinen Freunden erzählen.

Wir beschäftigten uns fast jeden Vormittag mit Felix. Vormittags war ich immer gut drauf.

Wir ließen ihn einfach nicht mehr aus den Augen. Jeden Tag nahmen wir ihm Geld ab, wir gingen ganz akribisch vor.

»Pass auf, Felix«, sagte Raphael und drückte die Griffe

des Rollstuhls mit einem Ruck nach hinten, sodass Felix gefährlich schräg in der Luft baumelte.

»Wir machen das so, Krüppelknabe: Du zahlst uns eine klitzekleine Kleinigkeit dafür, dass wir von nun an deine treuen Beschützer und Vasallen sind . . .«

Felix versuchte, ruhig zu bleiben, aber seine Hände zitterten, ich sah das genau, er hielt sich krampfhaft an den großen Rädern fest. Aljoscha sah es auch und bog Felix' Finger einen nach dem anderen auf.

»Ich zahle nichts!«, sagte Felix, aber er sagte es so, dass wir wussten: Er würde zahlen, natürlich würde er zahlen, er war schließlich nicht verrückt.

»Wir sind auch sehr großzügig«, erklärte Christian beruhigend und streichelte Felix' Gesicht. »Du brauchst dir gar keine Sorgen zu machen. Du zahlst heute einen einzigen kleinen Cent, that's all . . .«

Wir grinsten.

»Und morgen zahlst du das Doppelte und übermorgen wieder das Doppelte und so weiter.«

Aljoscha verpasste Felix eine harte Kopfnuss und Raphael ließ den Rollstuhl so plötzlich los, dass Felix fast das Gleichgewicht verloren hätte und hinausgefallen wäre.

»Und jetzt sag schön Auf Wiedersehen, wie wir es dir beigebracht haben«, erinnerte ihn Aljoscha, nachdem er Felix den lächerlichen Cent abgenommen hatte. Er zog seinen Elektroschocker aus der Jacke und Felix gehorchte.

Im Frühling wurde das Baby geboren und meine Mutter blieb eine Woche lang im Krankenhaus, weil das Kind mit einem Kaiserschnitt geholt worden war.

Die neuen Zimmer unter dem Dach waren inzwischen ebenfalls fertig, aber die meiste Zeit standen sie leer.

Anuschka ließ sich nur mehr ganz selten blicken und Sophia bestand darauf, Konrad ganz für sich alleine zu treffen.

Ende Februar wurde es noch einmal richtig Winter, tagelang wirbelten weiße Flocken vom Himmel und schneiten die graue Stadt schneeweiß ein. Meine Stimmung hob sich ein bisschen.

Und dann kam eines Tages, völlig unerwartet und über Nacht, der Frühling. Die Sonne schob sich sanft durch die Wolken, ließ den Schnee an einem einzigen Vormittag zu einem grauen, wässrigen Matsch zusammenschmelzen und am nächsten Tag kamen bereits die ersten Schneeglöckchen aus der Erde.

Zu dem Zeitpunkt nahm ich all meinen Mut zusammen und zeigte einem Arzt meinen kränklichen Pimmel. Ich musste für zwei Tage ins Krankenhaus, um die Sache ein für alle Mal zu regeln. Ich wurde beschnitten und schämte mich furchtbar.

»Also, warum warst du im Weißkittelbunker?«, fragte Raphael grinsend, als er mich einen Tag später zu Hause besuchte.

Ich lag erschöpft in meinem Bett, hatte immer noch starke Schmerzen und bewegte mich so wenig wie möglich.

»Ist doch egal«, murmelte ich gereizt. Unten schrie das

Baby, seit einer Ewigkeit schon. Dieses Geschrei machte mich nervös.

»Dass ihr einen Säugling habt . . .«, sagte Raphael kopfschüttelnd und verzog das Gesicht. »Warum hast du nie ein Wort darüber verloren, dass deine Mutter dabei war, Nachwuchs auszubrüten?«

Ich schwieg. Merkwürdig, wie mich das neugeborene Baby rührte. Es erinnerte mich an Charly, warum, wusste ich auch nicht. Und mit diesem winzigen Baby hatten Konrad und ich plötzlich eine Verbindung. Ich passte allerdings sehr sorgfältig auf, dass Konrad von meinen neuen Gefühlen nichts mitbekam.

»Willst du ihn vielleicht mal halten?«, hatte Konrad mich gefragt, als er zusammen mit meiner Mutter aus der Klinik gekommen war. Er nahm das Baby aus der Tragetasche und hielt es mir hin. Ich schüttelte den Kopf und warf nur einen kurzen Blick darauf, ohne es anzurühren. Ich sah das Baby in diesem Moment immerhin zum ersten Mal. Auf der Säuglingsstation hatte ich mich die ganze Woche über nicht blicken lassen.

»Du kannst ihn ruhig nehmen, Sammy«, sagte meine Mutter, die blass und dünn und elend aussah und kaum wieder zu erkennen war.

Ich hatte den Kopf geschüttelt und war zurück in mein Zimmer gegangen. Aber manchmal, wenn keiner in der Nähe war, besuchte ich das Baby. Meistens schaute ich es mir nur eine kleine Weile an, aber manchmal streichelte ich ihm auch vorsichtig über das winzige Gesicht. Verrückt, wie klein so ein Mensch am Anfang ist.

Meine Faust war genauso groß wie das ganze Babyköpfchen.

»Also, warum warst du im Krankenhaus?«, drängte mich Raphael. »Blinddarm scheidet aus, da hätten sie dich länger drinbehalten, Mandeln scheiden ebenfalls aus, da würdest du jetzt noch nicht wieder quasseln können. Hm . . .«

Er lächelte sanft. »Bleiben nur noch Warzen am Fuß – oder . . .« Raphael zeigte bedeutungsvoll grinsend auf seinen eigenen Hosenschlitz. ». . . oder es ging um deine Nudel, dann haben sie dir im Krankenhaus die Vorhaut umgesäumt, weil du vornerum zu weit zugewachsen warst.«

Ich starrte verlegen vor mich hin und kam mir bloßgestellt vor. Raphael lachte ein bisschen und erklärte mir dann, dass beschnittene Pimmel eine ziemlich kümmerliche, hässliche und unmännliche Angelegenheit wären.

Dann sprachen wir zum Glück bald wieder von etwas anderem. Komisch, dass immer Raphael alles, was wir taten oder beredeten, bestimmte. Ein paar Tage später verdrängte ich meine Verlegenheit und meine Ohnmacht mit ein paar Spielen, die wir an Felix vornahmen.

Felix hatte sich längst sehr hoch bei uns verschuldet, weil die Verdoppelungszahlungen für ihn unbezahlbar geworden waren. Aber wir waren nicht wählerisch. Wir ließen uns auch mit anderen Dingen auszahlen – CDs, Kassetten, Videospielen, einem Walkman, ein paar Markenklamotten und einem nagelneuen, sehr teuren Tischtennisschläger.

»Warum lasst ihr mich nicht endlich in Ruhe?«, fragte Felix immer wieder, wenn Aljoscha ihn mit dem Elektroschocker quälte oder Raphael ihm auf die Turnschuhe pinkelte.

Eines Tages erwischte uns Frau Klinka, als wir uns gerade mit Felix in eine Ecke des Schulhofs zurückgezogen hatten.

»Was ist denn hier los?«, fragte sie und musterte uns misstrauisch. Felix schaute auf seine nassen Füße und schwieg.

Raphael lächelte Frau Klinka freundlich an. »Man wird sich doch noch unterhalten dürfen, oder nicht?«, fragte er seelenruhig.

Frau Klinka schaute ihn an, als sei er ein ziemlich gefährlicher Gegner, aber sie schien bereit, sich ihm zu stellen. Ich fühlte mich unbehaglich.

»Ich habe das Gefühl, dass hier viel mehr als ein Gespräch stattfindet«, sagte Frau Klinka.

»Was soll denn das?«, mischte sich Aljoscha ärgerlich ein. »Wir haben nur mit Felix über Laura geredet, nicht wahr, Felix?«

Felix war zusammengezuckt, als er Lauras Namen hörte, aber er schwieg weiter, nur dass er noch eine Spur blasser und nervöser wurde.

»Ihr habt über Laura geredet?«, fragte Frau Klinka. »Warum?«

Aljoschas Lächeln wurde sehr freundlich und sanft. »Dürfen wir mit Frau Klinka darüber reden, Felix?«, fragte er leise und dann fing er an.

»Es ist so«, erklärte er. »Felix ist in Laura verliebt – und da macht er sich jetzt halt so seine Gedanken, wie er es angehen soll, sie besser kennenzulernen. Weil er doch dieses kleine Problem hat, dass er hier drin sitzt . . .« Aljoscha tippte sanft gegen den Rollstuhl.

»Ist das so?«, fragte Frau Klinka und schaute Felix an. »Ist alles in Ordnung?«

Raphael lächelte Felix freundlich zu und Aljoscha ließ, tief in seiner Jackentasche, seinen Elektroschocker piepsen, als sei der eine harmlose Uhr.

Und da nickte Felix.

»Also gut«, sagte Frau Klinka nachdenklich. Sie schaute immer noch ziemlich misstrauisch drein, ging dann aber doch langsam davon.

»So, Felix«, sagte Aljoscha schließlich, ganz der besorgte Onkel. »Da müssen wir uns also mal Gedanken darüber machen, wie du Laura anmachen könntest, was?«

»Lasst mich in Ruhe, ihr Schweine«, murmelte Felix. »Und lasst Laura aus dem Spiel, ich bin nicht in Laura verliebt, das ist Blödsinn.«

»Du bist nicht in Laura verliebt?«, fragte Britta spöttisch grinsend. »Und warum starrst du sie dann immerzu an?«

»Das tue ich nicht«, sagte Felix wütend und ich verstand plötzlich, dass wir dabei waren, ihm alle Würde wegzunehmen.

Da klingelte es und wir mussten Felix fürs Erste in Ruhe lassen.

Draußen war es jetzt frühlingswarm. Bald würde ich sechzehn Jahre alt werden.

Mein Großvater rief ein paarmal an. Nach und nach wurde er fast wieder der Alte, er erholte sich und genoss den französischen Frühling.

Das Baby in seinem winzigen Bettchen auf der Terrasse wurde runder und friedlicher, es hatte Augen wie Charly und mit denen schaute es mich staunend und freundlich an. Ich versuchte, mich diesen Blicken zu entziehen, und vermied es sorgfältig, Konrads Sohn allzu oft anzuschauen.

Britta beendete plötzlich unsere Beziehung und traf sich von da an mit Aljoscha. Aljoscha war allerdings nicht ganz bei der Sache, ihn beschäftigte die Idee seiner Eltern, ihn im kommenden Sommer auf ein Musikinternat nach Österreich zu schicken.

»Oh Mann, was für eine beknackte Idee«, sagte Raphael und verzog das Gesicht. »Du wirst dich dort zu Tode langweilen.«

Aber Aljoscha schaute nur weiter nachdenklich vor sich hin. Aljoscha mit den zwei Gesichtern. Hatte ich vielleicht auch zwei Gesichter? – Ich hatte meine Feuerträume, meine traurigen Erinnerungen an Charly und meine Oma, meine merkwürdigen Gefühle zu Konrads kleinem Sohn, diese Freundschaft mit Raphael, die Machtspiele mit den Unterstufenschülern und die geheimen Zusammenkünfte mit Felix.

Ich hatte das Gefühl, nach und nach aus einem zähen Nebel aufzutauchen.

Ich wollte hinaus und wollte doch nicht hinaus.

Wir fingen Felix fast jeden Tag ab, manchmal auf dem Parkplatz hinter der Schule, manchmal auf dem Trampelpfad bei der alten Sporthalle, manchmal schon im kleinen Park oder bereits auf dem Altstadtmarkt.
In den ersten Schuljahren war Felix von seinem Vater in die Schule gebracht worden, später kam er dann mit einem Behindertenfahrdienst, aber irgendwann hatte Felix beschlossen, den Schulweg alleine zu bewältigen.
Und er schien bei diesem Entschluss zu bleiben. Auch wenn er sich fast sicher sein konnte, uns dabei jeden Morgen über den Weg zu rollen.
Stoisch kam er angefahren, blass und mit zusammengekniffenen Lippen, aber er gab nicht auf.
»Da kommt der Krüppel«, meldete Christian und grinste in die Runde.
Es war inzwischen richtig Frühling geworden. Die Vögel zwitscherten und die Bäume trugen grüne Knospen. Vor einem Jahr war Charly gestorben, vor einem Jahr hatte Konrad mein Leben umgekrempelt, vor einem Jahr hatte ich mich mit Raphael angefreundet.
An diesem Morgen hatten wir uns für Felix etwas ganz Besonderes ausgedacht und darum hatten wir Britta im Schlepptau.
»Na, Felix?«, sagte Raphael und sprang mit einem Satz vor den Rollstuhl.
Felix seufzte und blieb stehen.
»Geld dabei?«, fragte Christian.

Felix schüttelte den Kopf.

»Andere Kleinigkeiten zum Schuldentilgen?«, fragte Christian streng weiter.

Felix schüttelte wieder den Kopf.

»Das ist aber dumm von dir«, erklärte Raphael ärgerlich und trat gegen den Rollstuhl.

»Was hast du zu deiner Verteidigung vorzubringen?«, fragte ich gereizt.

»Nichts«, sagte Felix nur. Er starrte zu uns hinauf und wir schauten auf ihn hinunter. Insgeheim bewunderte ich seinen Mut. Und das schürte – wie immer – meine Wut.

Ich riss ihn am Ohr. »Spiel hier nicht den überheblichen Macker«, fauchte ich.

»Lass ihn los, Sammy«, sagte Aljoscha. »Lassen wir doch . . . – lassen wir doch diesen Mist . . .«

Überrascht drehte ich mich um. Aljoscha starrte mich mit gerunzelter Stirn nervös an und dann hob er entschuldigend die Arme, winkte und ging davon.

Das war's dann. Aljoscha kam nicht wieder. Und eine Woche später verließ er die Schule und ging auf dieses Musikinternat.

Raphael, Christian, Britta und ich waren wie vom Donner gerührt, als wir Aljoscha so stumm davongehen sahen. Plötzlich war es sehr still auf dem Parkplatz. Das einzige Geräusch waren Felix' nervöse, unregelmäßige Atemzüge hinter meinem Rücken. Schließlich fuhr ich wütend herum.

»Warum stöhnst du eigentlich dauernd?«, tobte ich los.

Felix zuckte zusammen.

Raphael, der immer noch hinter Aljoscha hergeschaut hatte, drehte sich ebenfalls wieder um. »Der Krüppel denkt eben mal wieder an Laura«, sagte er achselzuckend. »Und das geht ihm an die Substanz.«

Ich schaute Raphael prüfend an, aber Raphael sah ganz so aus, als hätte er Aljoschas Abzug bereits vergessen. Ich atmete auf.

Christian rüttelte am Rollstuhl. »Da verschwendest du deine Gedanken, Krüppel«, sagte er sanft. »So einer wie du ist doch gar nicht in der Lage, Sex zu machen, hab ich recht?«

Und dann schritten wir zur Tat, um Felix dafür zu bestrafen, dass er unsere Schutzgeldforderungen immer wieder missachtete.

Diesmal spannten wir, wie gesagt, Britta ein. Wir setzten sie Felix auf den Schoß, ließen sie an ihm herumfummeln, zerrten seine kalten Hände an ihre Brüste, zwangen ihm Brittas Küsse auf und schubsten ihn anschließend ins matschige Gebüsch, ehe wir uns aus dem Staub machten. Der Rollstuhl lag umgekippt am Wegrand.

Es verging eine öde, deprimierende Schulwoche. Ich hing lustlos herum und hätte am liebsten jemanden totgeschlagen. Doch von außen betrachtet, sah ich ganz ruhig und gelassen aus. Leander hatte sicher recht gehabt, als er meinte, in der Schule wäre ich doch immer ziemlich heiter.

Es stimmte. Ich wirkte auf andere nicht so traurig, unruhig und dünnhäutig, wie ich mich fühlte. Ich wirkte böse, brutal, gereizt und kalt. Ein gutes Gefühl, Herr seiner Gefühle zu sein. Ich versuchte zu lächeln.

Zusammen mit Raphael und Christian begann ich nun öfter zu trinken. Nach Aljoschas unerwartetem Abgang waren wir wahrscheinlich ein bisschen aus der Bahn geworfen.

Felix fehlte die ganze Woche und Franz hütete sich davor, uns alleine zu begegnen.

Ich trank Schokolikör und Pflaumenlikör, Apfelkorn und Whisky-Cola. Mir war dauernd ein bisschen schlecht und schwindelig, aber gleichzeitig fühlte ich mich federleicht.

Wir hörten auch nicht auf, den Unterstufenschülern nachzustellen. Aljoschas Elektroschocker war allerdings ebenso verschwunden wie Aljoscha selbst und ich überlegte mir manchmal, ob Aljoscha ihn wohl mitgenommen hatte in sein feines Internat in Österreich und ihn dort liebevoll zwischen seinen Geigennoten versteckt hielt.

Ich jedenfalls, ich hatte seit neuestem ein Messer. Und dieses Messer hielt ich kleinen Schülern an die Kehle, wenn ich darauf wartete, dass sie mir ihr Taschengeld aushändigten. Natürlich hatte ich nicht vor, jemandem tatsächlich die Kehle durchzuschneiden. Es reichte, die Kinder die kalte Schneide fühlen zu lassen, »kein Wort zu niemandem, klar?« zu flüstern, und schon lief die Sache so, wie ich es wollte.

Ich liebte dieses Spiel. Wie einfach es sich spielen ließ. Wie einfach es war, Macht zu haben.

An einem Freitag, es war in der Woche, in der Felix gefehlt hatte, passierte mir allerdings ein kleiner Unfall. Ich hatte gerade zwei Unterstufenschüler in der Mangel, als mir die Hand ausrutschte und ich dem kleineren der beiden eine leichte Schnittwunde unter dem linken Ohr verpasste.

»Scheiße . . .«, murmelte ich in das Geschrei des Jungen hinein. Der zweite Junge schrie auch und es gab einen Riesenlärm.

»Schnauze, ihr Spinner!«, schrie ich nervös.

»Das erzähle ich meinen Eltern, das erzähle ich überall!«, brüllte der Junge, der nicht blutete. Der andere Junge stand stumm da und tastete mit seinen Fingern ängstlich an seinem Hals herum.

»Gar nichts sagst du«, zischte ich nervös.

»Doch!«, schrie der Junge und hatte plötzlich überhaupt keine Angst mehr vor mir. Mir wurde übel vor Wut und Entsetzen.

»Dann mache ich euch kalt«, sagte ich schließlich langsam und ging davon.

Das ganze Wochenende war ich nicht ansprechbar. Ich saß in meinem Zimmer und starrte aus dem Fenster.

Unten quengelte das Baby und meine Mutter stritt sich wegen irgendwas mit Konrad herum. Ich verschloss, so gut es ging, meine Ohren, meine Gedanken, meine Gefühle.

Meine Mutter war seit Wochen nicht mehr in mein Zimmer heraufgekommen. Sie vermied es, mit mir zusammen zu sein.

Konrad wusste von meinen Filmen und hielt mich für ein perverses Monster, er vermied es scheinbar ebenfalls, mit mir zusammen zu sein.

Meine Oma war tot und begraben.

Mein Opa war weit weg und hatte mich sicher längst vergessen.

Aljoscha war in Wien und hatte dort seine Geige und seine Ruhe.

Leander hatte wieder eine Freundin, Aylin aus unserer Klasse.

Knut hatte plötzlich ebenfalls eine Freundin, ein Mädchen aus der 9b.

Christian schlug sich irgendwie durch und machte sich weiter keine Gedanken über sein verkorkstes Leben. Im Grunde schien er ganz zufrieden damit zu sein.

Blieben nur Raphael und ich.

Warum bekam ich mein Leben nicht in den Griff?

Ich dachte wieder an den Jungen, den ich auf dem Parkplatz hinter der Schule verletzt hatte, verflixt viel Blut war aus dieser Wunde gekommen . . .

Ich war ganz unten an diesem Wochenende.

Am Montagmorgen war Herr Bechstein wieder da. Und Felix auch. Blass und gefasst rollte er in den Klassenraum und fuhr zu seinem Platz. Als er an mir vorüberkam, schaute ich ihn warnend an. Felix senkte den Blick. Ich atmete auf.

Als es zur ersten Stunde läutete, ging Herr Bechstein wortlos zur Tafel und nahm ein Stück Kreide in die Hand.

Nachdem er uns einen kurzen Moment lang stumm angeschaut hatte, schrieb er ein Wort an die Tafel.

»Was soll der Scheiß schon wieder?«, rief Raphael und verdrehte die Augen.

»Wer will es vorlesen, dieses Wort?«, fragte Herr Bechstein, ohne Raphael zu beachten.

»Sind wir vielleicht wieder in der ersten Klasse?«, schimpfte Raphael gereizt weiter.

»Aylin, bitte«, sagte der Schnüffler.

»Gewalt«, las Aylin.

»Ja«, sagte Herr Bechstein.

»Das gibt eine glatte Eins, liebe Aylin«, säuselte Raphael.

»Was fällt euch zu diesem Wort ein?«, fragte Herr Bechstein.

»Krieg«, sagte Leander.

»Folter«, sagte Laura.

»Skinheads«, sagte Knut.

»Faschismus«, sagte Felix.

Herr Bechstein schrieb und schrieb und schrieb.

Mir war mulmig. Raphael nicht. »Konzentrationslager, IRA, Völkermorde . . .«, zählte er gelangweilt auf. »Blablabla!«

»Gibt es auch hier Gewalt?«, fragte Herr Bechstein.

Es wurde still.

»Ja«, sagte Knut schließlich. »Sogar an dieser Schule . . .«

»Sogar in dieser Klasse«, sagte Laura.

»So«, sagte Herr Bechstein.

Alle schauten ihn an.

»Wollen wir darüber reden?«, fragte Herr Bechstein.

Franz' Finger spielten Klavier.
Felix starrte auf seinen Tisch.
Leander schaute mich an.
Knut murmelte etwas.
Raphael knackte Pistazienkerne.
Ich merkte, wie mir gleichzeitig heiß und kalt wurde, mein Pulli klebte an meinem Rücken. Aber ich riss mich zusammen, atmete tief durch, streckte locker meine Beine aus, grinste Raphael zu und stellte meine Ohren auf Durchzug. Und während die anderen redeten und lamentierten, war ich ganz cool und entspannt. Ich hatte das Gefühl, über mich hinauszuwachsen. Meine Ohren dröhnten und ich stand über allen Dingen dieser blödsinnigen Welt.
Franz machte seinen Mund nicht auf und auch Felix sagte kein einziges Wort. – Sollten die anderen reden bis zum Jüngsten Tag, ich hatte vor nichts und niemandem Angst.

Am nächsten Tag sprach mich Herr Bechstein an, das heißt, er versuchte, mich anzusprechen. Aber ich ließ ihn einfach stehen und verzog mich mit Raphael in die Büsche am hinteren Ende des Schulhofs. Dort trafen wir auch Christian und verbrachten die Pause damit, einen Feigenlikör nach dem anderen zu trinken.
Am Dienstag gab es Ärger mit Frau Klinka.
»Hast du Alkohol getrunken?«, fragte sie mich misstrauisch, als ich ein paar Minuten zu spät aus der Pause zurückkam und an ihr vorüberging, um zu meinem Platz zu kommen.
»Nein«, murmelte ich gereizt.

»Ich glaube aber doch«, sagte Frau Klinka.

»Glauben Sie, was Sie wollen«, sagte ich unfreundlich und ließ mich auf meinen Stuhl plumpsen.

»Du bist betrunken, Sammy. – Ich werde deiner Mutter einen Brief schreiben«, sagte Frau Klinka und schaute mich merkwürdig an.

»Tun Sie, was Sie nicht lassen können«, sagte ich und schloss die Augen.

»Ich warne dich«, sagte Frau Klinka. »Mir ist eine Menge unangenehmer Geschichten zu Ohren gekommen, Sammy.«

»Sie können mir gar nichts beweisen«, murmelte ich. »Sie machen mir keine Angst.«

Benommen schaute ich zu Leander hinüber. Er saß jetzt neben Aylin. Es war hundert Jahre her, dass er mein Freund gewesen war.

In der folgenden Pause schüttelte ich Raphael und Christian ab und legte mich beim Trampelpfad vor der alten Sporthalle auf die Lauer. Ich kann nicht beschreiben, wie ich mich fühlte. Leer vielleicht. Leer, böse, einsam, machthungrig, geil, hoffnungslos und betrunken.

Als nach einer kleinen Weile ein Mädchen aus der Fünften auftauchte, sprang ich auf und packte sie grob am Arm. »Los, mitkommen«, fauchte ich und legte meinen Arm fest um ihre Schulter. Die Geilheit durchdrang meinen ganzen angespannten Körper.

Plötzlich hörte ich jemanden meinen Namen rufen. Ich zuckte zusammen. Es war Leander. Konnte es sein, dass er zufällig hier war? Ich hielt das Mädchen immer noch fest.

Nein, Leander war nicht zufällig hier. Hinter ihm tauchte Knut auf. Leander und Knut, Laura, Aylin, Felix – und Franz . . .

Ich ließ das Mädchen los. Vielleicht täuschte ich mich oder wurde schon wahnsinnig, aber es sah so aus, als ginge Laura dicht neben Felix' Rollstuhl. Und dann beugte sie sich tatsächlich zu ihm hinunter und legte ihre Stirn sanft gegen seine.

Mir stockte der Atem.

Aber zu mehr kam ich nicht mehr. Denn Knut packte mich und warf mich zu Boden. Ich flog der Länge nach hin und schnappte vor Schmerz nach Luft.

»Du Bestie«, keuchte Knut und schlug und schlug und schlug. Mir wurde schwarz vor Augen, ganz langsam. Erst hellgrau, dann dunkelgrau, die Dunkelheit lief vor meinen brennenden Augen aus wie ein Glas Tinte.

Mein Mund schmeckte nach Blut, dann fiel noch mal ein bisschen Licht in mein Gesicht. Knut lag über mir und seine Fäuste bearbeiteten mich immer noch. Stumm lag ich da und fühlte gar nichts mehr. Ich dachte an damals, als ich zusammen mit Leander im Schwimmbad gewesen war und wir Karlotta getroffen hatten. Ich lächelte. Wie verliebt ich damals gewesen war, in Karlotta und sogar in Leander. Plötzlich war dieses rissige Gefühl wieder da, und das tat mir gut.

Ich blinzelte und konnte Leander erkennen, der Knut von mir wegzog. Und hinter Leander stand plötzlich auch noch Herr Bechstein, dieser Schnüffler. Er schaute mich ebenfalls an, so wie alle hier. Ich drehte vorsichtig meinen

Kopf weg. Ein dumpfer Schmerz pochte in meinen Schläfen.

»Es reicht«, sagte Herr Bechstein endlich.

Ich versuchte, mich aufzurichten, aber plötzlich tat mir alles weh, jeder Knochen, jede Faser meines Körpers. Also blieb ich einfach liegen.

Ich sah, dass Knut heulte. Warum tat er das bloß?

Leander war blass und schaute mich aus weiter Ferne an. Ich sah, wie er zögerte. Ich sah, wie er tausend Sachen gleichzeitig dachte. Und ich konnte gerade noch sehen, wie er zu Franz hinüberschaute. Dann wurde mir schwindelig und ich fiel in ein tiefes dunkles Loch. Um mich herum brodelte es heiß und mein Körper bäumte sich auf.

»Er übergibt sich, jemand muss ihm helfen...«, sagte eine besorgte Stimme aus weiter, weiter Ferne. Komisch, es klang so, als wäre es Felix' Stimme gewesen.

Dann kamen ein Krankenwagen und ein Streifenwagen der Polizei, seltsamerweise bekam ich ab und zu ein paar Kleinigkeiten mit. Ich lag benommen im Gras und irgendwann schlief ich ein. Ich träumte von Feuer, wie so oft. Aber diesmal verbrannte ich selbst. Es war ein interessantes Schauspiel und ich schaute gespannt zu. Wie heiß und tödlich diese Flammen waren.

Als ich wieder zu mir kam, lag ich in einem Krankenhausbett. Meine Mutter saß neben mir und schaute mich stumm an, ich konnte sehen, dass sie geweint hatte. Konrad war auch da. Er saß ein Stückchen weiter hinten und hatte das quengelnde Baby auf dem Schoß.

Ich zitterte, mir war schon wieder übel. Und während ich mich übergab, fiel mein Blick auf jemanden, der am Fenster lehnte und mich von dort aus zögernd betrachtete.
Leander.
»Leander...«, stammelte ich und sank erschöpft in mein Kissen zurück.
Leander schaute mich weiter stumm an.
»Leander, was ist passiert?«
»Du hast eine Gehirnerschütterung«, sagte meine Mutter an Leanders Stelle.
Konrad war aufgestanden. »Und nicht nur das. Außer dieser Gehirnerschütterung hast du mindestens vier Anzeigen am Hals, junger Mann. Ich habe schon mit dem Staatsanwalt gesprochen, es sieht alles andere als rosig aus...«
Ich schaute weiter zu Leander hin. Hinter ihm drang helles Licht durchs Fenster. Das Licht stach mir in die Augen, mein Kopf pochte und ein brennender Schmerz breitete sich hinter meinen Augen aus. Leander zog die Vorhänge vor.
»Danke«, sagte ich leise.
»Wie geht's dir?«, fragte Leander schließlich.
Ich zuckte mit den Achseln.
»Ich weiß alles«, sagte Leander darauf. »Franz hat mir seine Geschichte erzählt. Und Felix hat mit Laura gesprochen und eine Menge andere haben auch geredet...«
Ich schloss die Augen.
»Ich weiß nicht, was mit mir los ist, Leander«, murmelte ich leise. »Ich bin völlig durcheinander.«

Jetzt kam Leander langsam näher, vor meinem Bett blieb er stehen. Groß und ernst und sehr distanziert.

»Knut kommt nachher auch noch vorbei«, sagte er schließlich.

Ich zuckte zusammen.

Wir schwiegen wieder.

»Leander?«, fragte ich schließlich.

»Hm?«

»Meinst du, ich komme wieder in Ordnung?«

»Ich weiß es nicht«, antwortete Leander. »Du hast eine Menge kaputt gemacht.«

»Ich weiß«, sagte ich leise.

»Es wird ein langer Weg zurück«, sagte Leander, aber er gab mir seine Hand.

Brigitte Blobel

Liebe wie die Hölle
Bedroht von einem Stalker

Till ist hinter Marcia her. Schon seit Jahren. Er lauert vor ihrem Haus, er setzt sich in der Schule neben sie, er versucht sie anzufassen. Aber dies ist keine harmlose Verliebtheit unter Schülern. Till macht Marcia Angst. Riesenangst. Ein packender Thriller über den Psychoterror, der von einem Stalker ausgeht. Von Brigitte Blobel spannend und doch sensibel erzählt.

232 Seiten
Arena-Taschenbuch
ISBN 978-3-401-02734-0
www.arena-verlag.de

Thomas Fuchs

Alleingelassen

Der 13-jährige John lebt seit einiger Zeit mit seinen beiden kleinen Geschwistern und seiner alleinerziehenden Mutter in einer neuen Stadt. Sie sind schon oft umgezogen, gescheitert – diesmal soll es klappen. Als die Mutter wieder ihren Job verliert und es bergab zu gehen scheint, versucht John, die Fassade intakt zu halten. Auch, als die Mutter schwanger wird und zu ihrem neuen Freund zieht ...

176 Seiten
Arena-Taschenbuch
ISBN 978-3-401-02739-5
www.arena-verlag.de

Brigitte Blobel

Meine schöne Schwester
Der Weg in die Magersucht

Dana und ihre Schwester Beate könnten unterschiedlicher nicht sein. Beate sieht toll aus, Dana hingegen trägt noch ihren Babyspeck mit sich herum. Sie sehnt sich nach Aufmerksamkeit und Anerkennung und tröstet sich mit Essen – bis sie beschließt abzunehmen. Die Abmagerungskur entwickelt sich zum Zwang: Dana wird magersüchtig.
Eine aufwühlende Geschichte über ein Thema, von dem in Deutschland über 220.000 Mädchen betroffen sind.

224 Seiten
Arena-Taschenbuch
ISBN 978-3-401-02735-7
www.arena-verlag.de

Tilman Röhrig

In 300 Jahren vielleicht

Hunger, Elend und Furcht bestimmen das Leben in Eggenbusch im Jahre 1641. Nur wenige Menschen können sich noch an die Zeit vor dem Krieg erinnern. Gegen die Not, den Krieg mit seinen plündernden Soldatenhorden und die Angst vor der Pest setzt der 15-jährige Jockel seine Liebe zu Katharina und die Hoffnung, dass irgendwann wieder Friede sein wird: in dreihundert Jahren vielleicht.

256 Seiten • Kartoniert
ISBN 978-3-401-02775-3
www.arena-verlag.de

Wolfram Hänel

Alk. Außer Kontrolle

Marx' Tage bestehen aus Rumhängen mit den Kumpels und Saufen. Aus Frust in der Schule und Ärger zu Hause. Aus idiotischen Mutproben und ein bisschen Randale. Und immer wieder aus Saufen. Bis zum Koma. Marie ist die Einzige, mit der Marx auch mal richtig reden kann. Über die Sache mit Hendrik zum Beispiel, seinem Freund, der den letzten Sommer nicht überlebt hat. Er starb im Vollrausch ...

152 Seiten
Arena-Taschenbuch
ISBN 973-3-401-02757-9
www.arena-verlag.de

Brigitte Blobel

Herzsprung
Wenn Liebe missbraucht wird

Nina lebt in einer nach außen hin perfekten Familie. Doch sie trägt schwer an einem Geheimnis, von dem niemand etwas ahnt – Nina wurde von ihrem Stiefvater sexuell missbraucht. Kurz vor ihrem 15. Geburtstag steht Nina vor der Entscheidung, ihr Geheimnis preiszugeben: Sie ist verliebt.

 224 Seiten
Arena-Taschenbuch
ISBN 978-3-401-02774-6
www.arena-verlag.de

Carry Slee

Starr vor Angst

Sander weiß keinen Ausweg. Eigentlich sind er, Chris und Maarten, schon seit Ewigkeiten beste Freunde. Doch mit der Zeit werden seine Kumpels immer gewalttätiger. Irgendwann kann Sander nicht anders: Er muss handeln und begibt sich dabei selbst in große Gefahr. Eine glaubwürdige Geschichte, in der es um Freundschaft und erste Liebe, um Mobbing, Gewalt und Zivilcourage geht. Und darum, wie wichtig es ist, Nein sagen zu können.

 224 Seiten
Arena-Taschenbuch
ISBN 978-3-401-02722-7
www.arena-verlag.de